逆向思维

[美] 琳达·贝尔纳迪　桑贾伊·萨尔马　肯尼思·特劳布 ◎ 著
　　（Linda Bernardi）　　（Sanjay Sarma）　　（Kenneth Traub）

周海云 ◎ 译

THE INVERSION FACTOR
How to Thrive in the IoT Economy

中信出版集团 | 北京

图书在版编目（CIP）数据

逆向思维 /（美）琳达·贝尔纳迪，（美）桑贾伊·萨尔马，（美）肯尼思·特劳布著；周海云译. -- 北京：中信出版社，2022.9
书名原文：The Inversion Factor: How to Thrive in the IoT Economy
ISBN 978-7-5217-4617-4

Ⅰ.①逆… Ⅱ.①琳…②桑…③肯…④周… Ⅲ.①企业管理－思维方法 Ⅳ.①F272.3

中国版本图书馆 CIP 数据核字（2022）第 156056 号

The Inversion Factor: How to Thrive in the IoT Economy
Copyright © 2017 Linda Bernardi, Sanjay Sarma, and Kenneth Traub
Simplified Chinese translation copyright © 2022 by CITIC Press Corporation
ALL RIGHTS RESERVED
本书仅限中国大陆地区发行销售

逆向思维
著者：［美］琳达·贝尔纳迪　［美］桑贾伊·萨尔马　［美］肯尼思·特劳布
译者：周海云
出版发行：中信出版集团股份有限公司
（北京市朝阳区惠新东街甲 4 号富盛大厦 2 座　邮编　100029）
承印者：北京协力旁普包装制品有限公司

开本：880mm×1230mm 1/32　　印张：11.75　　字数：238 千字
版次：2022 年 9 月第 1 版　　印次：2022 年 9 月第 1 次印刷
京权图字：01-2019-8061　　书号：ISBN 978-7-5217-4617-4
定价：69.00 元

版权所有·侵权必究
如有印刷、装订问题，本公司负责调换。
服务热线：400-600-8099
投稿邮箱：author@citicpub.com

献给肯尼思·特劳布（1962—2017）

　　作为我们最好的朋友、合作者及本书的合著者，肯尼思当初与我们共享了撰写这本书的梦想。就在本书的手稿接近完成的时候，他却离我们而去。他的去世让我们非常伤心，但也让我们下定决心向读者讲述我们（还有肯尼思）对一个正在出现的、高度互联的世界的展望，并邀请我们的读者一起参与塑造这样一个即将成为现实的世界。

目　录

前　言　这已经不再是我们熟悉的世界 // VII

第一部分　开启逆转之路

第一章　从产品到需求再到体验 // 003
为什么必须改变产品优先模式 // 005
颠覆出租车行业的力量 // 015
以体验为导向的核心竞争力 // 018
创客文化 // 021
迭代到最优点 // 023
提出解决方案 // 025
6个正在改变的商业基本面 // 029
一个用愿景定义的世界 // 034

第二章　逆向思维与逆向模式 // 037

企业的逆向思维 // 039

需求优先模式 // 042

逆向思维的特征 // 045

逆向模式的优势 // 048

共享经济 // 053

逆向思维的陷阱 // 054

老牌企业的逆向转型 // 056

对 6 个商业基本面的重新审视 // 059

描述逆向思维 // 063

第三章　全新的词汇 // 065

交通信号灯的演化 // 066

正在改变的企业使命 // 070

4 项新的工程原则 // 072

可互联性：物联网与互联网 // 075

可组合性：组合是一种艺术 // 076

可调用性：借来的功能 // 077

无缝融入集成：系统之间的无缝合作 // 079

前所未有的安全和隐私风险 // 082

个人可识别信息 // 087

第二部分　物联网的演化

第四章　物联网阶段：打破形式的界限 // 093

　　传感器、执行器和算法逻辑 // 094

　　连接网络 // 098

　　互相连接的设备 // 100

　　与消费者互联 // 107

　　与企业互联 // 110

　　组合各种设备 // 114

　　三条基本的架构原则 // 118

　　满足新的需求 // 133

第五章　智能网阶段：打破功能的局限 // 135

　　万能的计算机 // 137

　　具有可调用性的设备 // 139

　　可调用性的三个关键架构性因素 // 143

　　强大的 API // 150

　　三种不同类型的可调用性 // 153

　　智能网阶段的安全和隐私问题 // 155

　　借来的可调用性 // 158

　　最后的阶段 // 161

第六章　融合网阶段：设备将成为你的体验 // 163

什么是融合 // 165

推动融合的架构原则 // 168

妈妈刚买了一个全新的手袋：消费产品案例 // 181

智能工厂：工业案例 // 185

人类的角色 // 193

其他场景的应用 // 195

走向融合网阶段 // 201

物联网设备的安全防护 // 202

云中的碎纸机 // 208

人类自身需要改变 // 210

融合网与逆向思维 // 211

第三部分　实践逆向思维

第七章　重塑市场和企业 // 215

传统企业和逆向型企业 // 218

逆向模式转型路线图 // 224

多维度的演化 // 241

首席逆向模式架构师 // 242

明确关注的焦点 // 245

成为远见者 // 246

逆向模式的关键在于对自身的定义 // 247

第八章　与逆向模式实践者的对话 // 250

斯伦贝谢公司 // 251

欧莱雅公司 // 258

软银集团 // 265

强生公司 // 270

VeloCloud 公司 // 276

英伟达公司 // 282

第九章　逆向模式的三角形模型 // 290

逆向型互联世界中的企业 // 291

作为企业文化的逆向思维 // 294

逆向模式三角形 // 299

第一条边：技术 // 302

第二条边：创新 // 310

第三条边：企业文化 // 316

你准备好了吗 // 324

注　释 // 327

前　言
这已经不再是我们熟悉的世界

在一个时代结束、另一个时代即将开始的时候，历史通常不会给你画出一条明晰的分界线，或者说给出一个明确的、独立的拐点，而这样的转折时刻在历史上确实时常出现。其中的一个时刻就发生在1876年3月10日。那时，在波士顿，亚历山大·格拉汉姆·贝尔（Alexander Graham Bell）对着他那部像绞刑架一样的磁石电话说出了那句著名的话："沃森先生，请到我这里来，我想见你。"他的助手托马斯·沃森（Thomas Watson）在另一个房间接听了这通电话。另外一个类似的转折时刻或许发生在2000年，这一年，汽车共享平台Zipcar公司在马萨诸塞州的剑桥市成立了。

此时，距离iPhone（苹果手机）上市还有7年的时间，距离脸书成立还有4年的时间。大多数美国人通过拨号调制解调器和以太网电缆访问互联网，Wi-Fi（无线通信技术）在那时很稀有。美国在线和当时的时代华纳还处于蜜月期，但它们的这次合并将很快被证明是美国企业发展史上最具灾难性的并购案之一。此时，亚马逊还没有开始赢利；微软通过销售办公软件套装主导着整个技术世界；另外，大多数的硬件生产商正在想办法利用互联网来推销更多的硬件产品。

在这个时候，安特耶·丹尼尔森（Antje Danielson）和罗宾·蔡斯（Robin Chase）产生了一些其他的想法。他们知道，在美国，平均每辆汽车有约95%的时间处于停放状态，这意味着数百万英里[①]的潜在里程数被闲置了。在受到早期瑞士以及德国的"汽车共享"企业的启发后，他们想到，与其开发另一款将人从A点送到B点的车辆，他们不如重新思考人与车辆进行互动的方式。

这种新的思维方式导致了Zipcar的出现。这家公司在几个城市的指定地点安排了多款不同的节能汽车，用户可以自由地在这些车辆中进行选择，并预约车辆的使用时段。用户可以用一张RFID（射频识别）卡来解锁预订的汽车（今天，这张卡

[①] 1英里≈1.609 3千米。——编者注

已经被智能手机上的应用所取代），并且只需要根据他们实际使用车辆的时间来支付租车的费用。Zipcar采用这样的方式将一些城市居民和学生从"必须拥有一辆汽车"的压力中解放了出来。2013年，安飞士巴吉集团（Avis Budget Group）用大约5亿美元的价格收购了Zipcar。

Zipcar还率先尝试了一系列全新的技术，这些新技术预示了物联网的到来。该公司采用收发器来记录车辆的使用时间和行驶里程数，然后通过无线的方式将数据上传到一台中央计算机以及一个可以进行远程操控的"阻断"程序中，后者可以在车辆被盗时阻断汽车的点火系统。Zipcar不仅是汽车领域第一家利用新技术将共享资源转化为"共享经济"的创业公司，从很多方面来看，它还是第一家把物联网作为其商业模式基石的企业。今天，随着特斯拉和谷歌等企业开始逐步将互联智能汽车甚至自动驾驶汽车从概念转变为现实，我们需要清醒地认识到，技术本身没有使Zipcar成为一个行业的先行者，关键在于该团队如何看待自己想要服务的市场。

当时，丹尼尔森和蔡斯并没有提出常规性的问题，即"为了服务于人们的出行，我们应该研发并销售什么样的新技术"；相反，他们选择了这样一个问题："我们如何才能够利用这些新技术重塑人们的出行方式？"在这里，需要注意的是，第一个问题用"产品"来引出后续的讨论，这样的做法自动将答案局限在了现有解决方案的变体中。而第二个问题用"潜在的客户需求"引出后续的讨论，这使得创业者和创新工程师能够放开手脚，针对旧的需求提出全新的解决方案，找到之前未被发现的市场，创造全新的财富，甚至改变整个世界的经济面貌。

变化的时代

在商业历史上，物品只是物品而已。但今天，我们看到物品正在转变成系统，这些系统可以做到两件足以撼动整个世界的事情：计算以及与其他物品连接。在人类最初开始将物品当作工具使用时，物品的形状往往决定了它的功能。例如，一块石头又大又重，所以它可以被用来砸碎一些东西；一根树枝又长又尖，所以它可以被用来刺穿一些东西。随着人类学会了通过加工物品来满足自己的需求以及制造工艺的兴起，物品的功能开始决定物品的形状。一位设计师首先构想出他想要实现的某种功能，然后设计出能够实现这种功能的合适形状，最后按照这种形状制作出该物品。比如，如果他想要一个专门用来敲击小件物品的工具，那么他就会制作出一把锤子；如果他想要一个能够切断麦秆的工具，那么他就会制作出一把镰刀。

工业时代为人们提供了越来越丰富的制造材料和制造工艺。制造材料包括金属、玻璃、塑料、陶瓷，以及复合材料；而制造工艺包括锻造、冲压、研磨、焊接，以及模塑。大规模生产还促进了各种标准化组件的产生，比如螺丝、钉子、横梁、车轮、齿轮、电线、电动机，以及电池。

微处理器可以被看作最终的标准化组件，因为这种组件原则上能够完成任何任务。微处理器的发展使得设计师的想象力再也不会受到任何限制。虽然各种机械的功能依然会受到材料的性质和物理学定律的限制，但是在数字领域中，设计师能够想象出来的任何功能都可以通过微处理器来实现。其结果是，我们在今天能够制造出一些物品，它们可以做到在过去用纯粹的机械方式很难实现或根本不可能完成的事情。你想拥有这样一台微波炉吗？它能按照你的要求将设定的烹饪时间精确到秒；另外，它还有制作爆米花和比萨的预设程序。如果使用机械拨盘，那么我们很难实现上述这些功能，但是在使用了微处理器后，一切都成了可能。为了使各种功能很好地适应人类用户的多种需求，数字电子技术推动了用户界面工程学的出现。

然而，即便有了微处理器，一件物品仍然只是一件物品。它是独立存在的，其运作被约束在了其物理形体的内部。另外，它只能执行设计师在制作它时所预想的那些功能。这件物品的内部有一台非常强大的计算机，这一事实对设计师来说是一种福音，但用户是完全不知道这一点的。我们甚至不会称其为软件，而是将其称作固件。这反映了一个事实：对用户来说，固件和硬件都是已经完全成型的东西。即便有了微处理器，一台微波炉仍然只是一台微波炉。我们只期待它做一件事情，并且孤立地完成这件事情。

但因为物联网，我们与物品之间的关系以及物品的本质都发生了改变。现在，通过一些最新的技术，物品内部的微处理器不仅连接上了互联网，而且相互连接了起来。这里所说的新技术包括 Wi-Fi、蓝牙，以及 ZigBee（这是一种新的无线组网标准，适用于家庭自动化以及医疗设备的数据采集等应用）。今天，从电视机顶盒到能够接入互联网的婴儿监视器，每一件内置微处理器的物品都已经连接在了一起，并构成了一个复杂的网络。正是这些内置的微处理器使得这些物品能够采集、交换相关的数据并协同运作。这样一种现实正在颠覆传统的商业模式，并改变我们的工作、购物以及生活方式。

物品已经不再只是物品了——这一新的现实模糊了产品和体验之间的边界。今天，你的手上或许戴有 Fitbit 的手环或者其他品牌的类似产品，它能够实时监测你行走的步数和消耗的卡路里。但是明天，这样的设备将从一款能够连接网络的活动监测器变成一款能够主动设计完整的健康体验的设备。它会订购你最喜欢的膳食营养补充剂，同步你的日程表并发短信给你的私人教练，告诉她你周三的训练课程可能需要改期；基于你之前几次的锻炼强度，这款设备还会与训练场内的智能设备进行连接，并指导它们按照你设定的健身目标调整训练时长或阻力大小；最后，这款设备还会测量你运动后升高的体温，然后与你家中的智能中心进行联系，预先准备好热水，以便让你享受能够帮助你恢复体力的淋浴。你根本不需要花费精力去安排所有这些杂七杂八的事情；相反，多个协同工作的系统将会组合在一起，自动满足你的需求。

物联网将改变一切

流行文化，比如《少数派报告》这部影片中的多个场景所展现出来的各种可能性，让物联网以及相关技术的发展可能带来的变化在人们眼中显得非常新奇。这是一种错误的印象。事实上，计算、设备以及数据的融合是一种宏大的趋势，它将从根本上改变商业行为、我们的生活方式，以及全球经济。

这听起来似乎有点儿夸张，但我们今天已经拥有了海量的数据以及大量连接在一起的设备。底特律的某条装配线上生产的现代汽车已经配备了数百个传感器和多台计算机，这些传感器和计算机通过内部网络连接在一起，它们的作用是监控和维护汽车的正常运转，并随时诊断潜在的系统故障。事实上，根据 Auto Blog（汽车博客）网站上的信息，2016 年，仅雪佛兰一家公司就已经从客户的汽车上收集到了 4 220 TB（太字节）的数据。[1] 根据高德纳咨询公司的研究结果，虽然绝大多数设备的网络连接都是本地的（没有连接到互联网），但汽车依然在 2016 年全球 64 亿件智能"物品"中占据了相当大的比例。[2] 不过按照敦豪航空货运公司和思科系统公司的说法，上面提到的这个数字还是太小了。在这两个公司发布于 2015 年的题为《物流行业中的物联网》的趋势报告中，连接在一起的设备的数量达到了约 150 亿，而且这个数字在报告发布后的未来几年将增加到约 500 亿。[3]

换句话说，有 500 亿件不同的智能物品将会配备传感器（这种组件能够将外部环境中的物理条件转换成数字信号）、执行器（这种部件能够根据接收到的数字信息来改变周围的物理环境）、微处理器（也就是计算机），以及无线网络（这种无线电元件可以通过互联网从其他计算机那里远程接收或发送各种数据），而这些智能物品在几年前似乎还是不可能实现却令人着迷的模拟设备。那么，这些配备了各种组件的物品是否在本质上比那些无法相互连接的物品更有价值呢？答案是否定的。事实上，在物联网当下的发展阶段，很多所谓的智能设备都是在匆忙之中被设计和生产出来的，它们只具有最基础的安全协议，因此这些设备非常容易受到网络攻击，而这些问题必须得到解决。虽然还有这样或那样的问题，但是这些智能设备的发展路径清晰地预示了它们将会有更多的功能、更高的价值、更强的安全性，以及更好的个人隐私保护；另外，它们还能提供更多全新的方式来满足之前没有被满足的需求。

从商业的角度来说，物联网代表了一个极具颠覆性的时代的开始。通过现有的网络基础设施，人们已经能够远程感知并控制各种智能设备。换句话说，物联网的基础系统允许企业把物理世界与由服务器和数据分析组成的数字世界融合在一起，创造出一个增强的现实系统。在这个系统中，现实世界和数字世界可以并存。能够实时适应用户需求的产品、个性化的物理环境、智慧城市，以及发现和探索我们之前无法看到的市场的潜力，所有这些都是一种新经济即将到来的征兆。

潜在的经济影响将是显著的。全球管理咨询公司麦肯锡估计，到 2025 年，物联网每年的潜在经济影响可能达到 3.9 万亿美元至 11.1 万亿美元，这几乎相当于世界经济的 11%。[4]

然而，这个由智能的、互相连接的物品组成的正在发展的生态系统，不仅仅给我们带来了诱人的、魔术般的新产品和服务。无论是日常的通勤还是基本的时间管理，物联网正在不断地推出全新的方式来满足人类的基本需求。正因为这一点，它从根本上改变了我们的商业模式。现在，智能床垫能够向生产商发送客户的睡眠模式数据；互联的阀门可以让工厂的经理实时监控高压水处理厂的状况；新型交通信号灯将利用自动驾驶汽车发送的实时数据来控制交通流量。从基础设施的故障模式到用户的行为模式，物联网将为企业提供前所未有的数据缓存。通过分析这些数据并直接与现场的设备进行交互，企业不仅能够利用物联网调整自己的产品和服务，而且能够重塑自己满足客户需求的方式。

假设型经济

物联网的商业影响并不主要涉及互联网或者智能设备。物联网实际上意味着世界经济的彻底转型：全球经济正快速地从产品型经济转向"假设型"经济。

事实上，很多主要行业都具有假设型思维。例如，在发明电话之前，工程师肯定会提出这样的设想："如果我们能够开发出一种设备,让人们即使相隔很远也可以相互通话,而且通话的过程几乎不会延迟或失真,那会怎么样呢?"在某种程度上,所有的创新者都是假设型思维者。然而,我们所说的假设型经济的特点在于,它并不是让你想象目前还不存在的市场,而是让你在市场中找出已经存在但未被发现的机会。

有一些企业已经明白了这一点。这些企业并没有围绕着产品的设计、包装、运输和销售来组织业务,而是通过提出假设型问题使自己走向市场。

- "如果人们不用触碰计算机,仅靠说话就能够在家获得产品或信息,那会怎么样?"
- "如果拥有空余房间的业主可以把房间出租给有需要的旅客,而且这样做就像预订酒店一样容易(或者更加容易),那会怎么样?"
- "如果在某个城市里,你只要操作智能手机,任何有意愿的车主都能载你一程,那会怎么样?"
- "如果你可以在睡觉的时候通过远程软件升级来维修和养护你的汽车,而不用亲自前往某家经销商的店里,那会怎么样?"

我们已经进入了这样一个时代,当大多数企业忙于将更多的产品通过供应链强行塞入一个拥挤的市场,以满足已知的需求时,有些企业正在大声疾呼:"让我们重新构想一个更好的方式来满足所有的需求。"这些企业的领导者期望通过探索物联网实现他们的愿景。传统企业在发运已经包装好的货物的同时,实际上也在向客户暗示:这就是我们的产品,它只能做到这些。而有些企业正在创造一个"体验平台",并通过这个平台向客户提供两种非常有价值的商品,那就是"选择权和控制权":你看,你不仅可以决定这款产品的使用方式和支付方式,还可以告诉我们你的使用体验。选择权和控制权使消费者能够根据自身偏好来定制产品体验,他们可以基于成本或物理空间的远近,从多个不同的选项中做出选择,并且就"做得好的方面"以及"待改进的方面"向企业提供即时的反馈。

有些企业曾经参与了物联网发展的早期阶段,包括亚马逊、谷歌、特斯拉、三星、苹果。还有很多其他公司参与了这个过程,也许你从来没有听说过它们,包括Tile(定位设备生产商)、Ecovent(智能家居企业)、Empatica(智能可穿戴设备公司)、Grab(汽车共享公司)、Scoot Networks(电动摩托车共享公司)。

实际上,我们还可以继续罗列下去,但关键在于,这些公司的业务已经不再被认为是非主流的了。从住宅安保系统到城市供水管理系统，通过在日常生活的各个方面引入物联网的多功能性、可升级性和实用性，上述这些企业正在颠覆它们所在的行业。更重要的是，它们绝不会因紧紧抱住某一条产品线不放而约束自己。相反，它们会持续不断地关注客户的需求，并采用一切必要的技术，以最好的方式来满足这些需求。在某些情况下，通过满足之前从未想到过的客户需求，它们从无到有地创造了一个全新的市场，并且在短短几年的时间里就实现了传统企业需要一个世纪的积累才可能达到的估值。

在假设型经济中，那些能够存活下来并继续发展的企业有一个共同点，就是它们的领导者都对传统的"产品优先"经营理念进行了反思，转而将客户的需求和体验放在了首位。我们把这种做法或者理念称为"逆向思维"，而这个概念正是这本书的核心。正如我们将会明确说明的那样，虽然物联网不是实现逆向思维的唯一手段，但如果想要实现这一理念所蕴含的价值，物联网是最强有力的方式之一。[5]

逆向思维的定义

无论是汽车生产商还是建筑商，过去的大型企业都以传统的商业模式为基础。传统的商业模式往往无法针对市场的快速变化及时做出反应，更不用说向客户提供各种选项或者某种灵活性了。这些传统企业的建立都是为了完成两件事。

1. 生产消费者想要购买和使用的产品，并且在制造过程中遵循预先设定的性能和功能模板。当然，产品的性能和功能是由设计师决定的。
2. 定期调整或修改产品，更换这些产品的名称，然后再次进行销售。

这种产品优先的商业模式成就了世界上最大的几个经济体和企业，比如美国通用汽车公司、宝洁，以及耐克。但是，这种模式在今天成了阻碍创新和增长的因素。依靠传统商业模式的企业往往会局限于用它们现有的产品或者升级了某些功能和性能的改进型产品来满足客户的需求。

在物联网出现之前，这种产品优先的策略依然是可行的，原因是客户数据相对稀缺，收集数据的方法成本很高且难以部署。此时，终端用户的创新——客户提出自己的解决方案——是极为罕见的。在大多数情况下，只有那些主营业务与数据处理有关的企业，比如软件开发商或者社交网络平台，才有可能接触大量的相关数据。这些数据推动了现有产品的演化，并促进了新产品和服务的出现，这改变了企业满足客户需求的方式。只有软件公司才能每个月甚至每天对其产品进行迭代。

现在，这种情况已经发生了改变。那些销售有品质要求、技术含量低的产品的企业，比如手工食品供应商或者定制自行车生产商，也许在不采用物联网技术的情况下依然能顺利运营，但那些面临着严酷行业竞争的大企业必须适应这种全新的技术。在某些领域，那些适应能力极强且以技术为导向的创业公司正在颠覆有着数百年历史的商业模式，它们进入市场的方式和当初 Zipcar 所采用的方式几乎是完全一致的。它们并没有寻求在一个成熟的市场上销售一款全新的产品，而是重新构想如何满足一种潜在的、未被发现的需求。另外，由于 Scratch（图形化编程工具）、Arduino（开源电子原型平台）和 MakerBot（三维打印公司）等产品和公司引发了"创客文化"的浪潮，终端用户的创新也变得越来越普遍了。我们进入了一个"大规模平行创新"的年代，各种创意同时从经济的各个角落涌现出来。在当下的经济中，消费者的角色正慢慢地从消费转向协作，并最终转向创造。

例如，普林斯顿大学的教授埃德加·舒埃里（Edgar Choueiri）开发出了世界上第一个 3D（三维）个人音响系统 BACCH。

这个系统可以在任何空间中为每一个听音乐的人创造出一个3D的个人音场，而且使用者不需要佩戴任何耳塞式或头戴式耳机。[6] 现在，想象一下，将你的 Sonos（搜诺思）无线家用音响系统、亚马逊人工智能音箱 Echo 以及 BACCH 系统组合在一起，然后把它们与可穿戴设备进行同步；这样，当你从一个房间走到另一个房间的时候，Echo 就可以探测出你身上可穿戴设备的位置。你最终会得到什么？当你在家里四处走动时，你会感到一个 3D 的音场始终包裹着你。这是一种全新的方式，通过提供定制的融入式体验来满足音乐爱好者的需求。这就是我们所说的逆向思维。

到底什么才是逆向思维呢？逆向思维是一种范例，在这种范例中，企业的使命和核心竞争力被定义为需求优先，而不是产品优先。[7]

亚马逊和爱彼迎这两家企业可以说是实践逆向思维的大师。逆向思维可以被看作一种经营方面的战略哲学。它并不主张企业发布一款产品，然后通过围绕产品线进行创新来向客户提供价值，而是主张企业探寻客户的需求，然后围绕整体体验进行创新，并以一种更有效、更高效的方式使用相关的技术和产品来满足客户的需求。一家传统的酒店可能每隔 25 年才会对基础设施进行翻新和装修，以此来改善客户的体验。然而，自2008年成立以来，爱彼迎已经通过创造一个由软件驱动的、用户直接参与的、完全无中介的住宿市场，完全颠覆了传统的住宿行业。在短短9年的时间里，这家公司已经在190个国家中积累了超过200万套可供租用的房间，其估值达到了约300亿美元，这令全球的酒店经营者以及各地的市政当局陷入了恐慌。

通过把关注点从建筑物转移到客户的旅行体验上，爱彼迎逆转了传统酒店业产品优先的商业模式，创造了一个全新的、欣欣向荣的市场，并在这个市场中占据了主导地位。显然，这正是将逆向思维作为企业核心商业理念的一个案例。

正如这个案例所表明的，采用逆向思维并不一定需要物联网。就爱彼迎目前的状态而言，它还不是一家物联网企业，但是在推动了物联网以及逆向思维发展的技术（比如云计算和互联网）出现之前，像爱彼迎这样的成功故事是根本不可能发生的。虽然爱彼迎和其他类似的共享经济企业需要移动设备来为它们的商业模式提供动力，但联网设备目前只起到了辅助的作用。

然而，逆向思维将不可阻挡地把我们引向物联网，就连爱彼迎也很有可能在将来拥抱物联网。例如，它可以为出租空房的业主提供与互联网连接的门锁，这样，客户抵达后的整个入住过程就会非常顺利。把逆向思维视作企业使命的公司将竭尽所能地理解和满足客户的需求，而物联网技术可以让企业实时地关注并改善客户的体验。你甚至可以把物联网看作一个由一系列"集成设备"组成的生态系统，这些"集成设备"可以把一些技术（比如深度学习、人工智能、云计算、无线和移动网络连接等）组合在一起，以产生最大的影响。这些技术本身也许并不属于物联网，但是它们为物联网实现最高价值提供了动力：它们能够以近乎实时的方式分析海量的数据、无缝提供新的服务和解决方案、识别用户的使用模式，以及通过研究用户的行为模式来预测用户的需求。所以，虽然我们在这本书里会非常小心地区分物联网和逆向模式，但是随着我们进一步讨论更加先进的物联网发展阶段，各种物理设备和逆向模式这一概念将会变得越来越不可分割。

我们是谁

在经过了大约 20 年的紧密合作后，我们此次撰写这本书的过程可以说是充满了激情。我们的合作开始于 2001 年前后，当时，两起事件恰好同时发生在马萨诸塞州的剑桥市，这两起事件的主角相距仅数英里。2001 年，桑贾伊在麻省理工学院的自动识别中心（Auto-ID Center）开创了 RFID 技术及其标准化过程。事实上，桑贾伊本人正是这个中心的创办人之一。与此同时，琳达和肯尼思共同创办了 ConnecTerra 公司，而这家公司是率先将 RFID 技术引入大型企业的公司之一。

在这一切发生的时候，整个世界对 RFID 技术的应用潜力所知甚少并且缺乏信心，物联网则根本不为人所知。物联网这个概念是由凯文·艾什顿（Kevin Ashton）在自动识别中心创造出来的，凯文可以说是物联网的共同创始人之一。[8] 整个世界在那时刚刚经历了互联网泡沫的破裂，但我们相信，RFID 技术本身所具有的优势最终将使其被市场广泛地接受。对此，我们从未动摇。今天，RFID 技术被看作物联网的开端，而我们从一开始就对此坚信不疑。正因如此，在过去的 16 年里，为了帮助企业理解和应用物联网技术，我们一直在和《财富》世界 100 强的企业合作，并且现在依然在这个领域的前沿开展工作。

在这本书中，我们描绘了这样一个愿景：物联网不仅能帮助企业满足客户的需求，而且能以一种前所未有的方式帮助企业开拓新的市场。随着我们在这一领域中继续开展工作，我们会进一步与大家分享我们的愿景和洞见。

互联的智能设备组成的新世界

逆向思维使商业活动的目标从销售产品转向了满足需求，并且使企业在满足需求的过程中通过采用新技术减少了客户不满，提升了效率，充分利用了网络效应，并将客户转变成了合作者。

无论是通过呼叫来福车来体验共享汽车服务的消费者，还是在亚马逊的实体无人便利店 Amazon Go 中享受独特购物体验的消费者，又或者是一家寻求远程病患监控系统的医院，今天的客户希望有更多的需求能够得到满足。通过把逆向思维与自身的商业模式结合起来，企业可以将数据捕获、数据分析以及新产品开发融入自身的基因，而且这种融入的速度快得让人无法想象。我们以亚马逊的语音控制个人助理 Echo 为例，当早期接受这款产品的用户把 Echo 带回家时，他们在使用过程中主要会发出这样的指令："Alexa[①]，再多订一点儿卫生纸。"但是当孩子们开始像朋友一样和 Alexa 进行交流时，对话发生了变化："Alexa，你认为这部电影怎么样？"这种对话从最开始的好奇转变成了某种关系。

---

① Alexa 是亚马逊的智能语音助手程序。——译者注

正因为发现了这一点，亚马逊的工程师很快调整了自己的策略，转而致力于开发能够充分利用 Echo 用户数据流的系统，并以此来推动新产品的研发。当用户向 Echo 提出一个问题时，这个问题会被存入一个强大的后端机器学习数据库。这种企业和消费者之间的深度连接会产生海量的数据，而这些数据会推动新的、个性化的、高度直观的解决方案的出现。例如，亚马逊专门为 Echo 开发了一款 App（应用程序），它被看作 Alexa 独有的"技能"。这款 Valossa Movie Finder 电影搜索 App 充分利用了电影搜索引擎 WhatIsMyMovie.com 的资源，所有 Echo 的用户都可以按照电影的类别来搜索自己喜欢的影片。用户可以直接对着 Echo 说："Alexa，给我搜索一部 20 世纪 90 年代由汤姆·克鲁斯主演的影片。"对以产品优先为基本商业理念、根本不知道物联网是什么的公司来说，上述这种直观的、似乎毫不费力的个性化服务几乎是不可能实现的。

需要澄清的是，由于其核心理念一直聚焦于重塑商业和贸易，并用全新的方式满足消费者的需求，亚马逊公司在物联网出现之前很久就已经是一家具有逆向思维的企业了。不过，亚马逊现在的愿景已经全面转向利用物联网服务消费者了。和很多其他具有逆向思维的企业一样，对亚马逊来说，物联网既是向公众展示其逆向思维的一种方式，也是向用户传递价值的一种手段。

在这本书里，我们描绘了一幅路线图，期望能以此来帮助老牌企业的领导者追随亚马逊、苹果这类企业的脚步。那些想要知道自己可以从互联经济以及具有逆向思维理念的商业世界里获得什么的消费者，也可以从这幅路线图中受益。他们可以看到，随着互联设备给人们带来了更多的融入式体验，未来的生活可能会是什么样子。他们甚至可以看到自己如何作为共同创造者参与这个新的世界。

在这本书的第一部分，我们会举例说明为什么传统的、以产品和销售为中心的商业模式正在变得过时。我们将用具体的事例来证明，逆向模式已经成了一个不可替代的框架。最后，我们还会讨论引入新词语的必要性：如果想要利用新技术推行逆向模式，任何企业领导者都必须掌握这些词语。

在这本书的第二部分，我们将深入探讨物联网演化的三个阶段，即物联网（Internet of Things）阶段、智能网（Intelligence of Things）阶段，以及融合网（Immersion of Things）阶段。我们将仔细地探究物联网在不同发展阶段如何通过提供最基本的工具来实现逆向思维。我们会发现，在物联网发展的最初阶段，多种不同的设备将首先与互联网进行连接；在智能网阶段，通过互联网连接在一起的设备将在本地运行各种软件；而在融合网阶段，这些能够独立运行各种软件的设备将通过互动和协作融合在一起，共同创造无缝的、融入式的体验。

在这本书的第三部分，我们将把上述所有洞见融合在一起，向企业提供一幅可用于实际操作的蓝图。这样一幅蓝图能够提供可参考的、清晰的步骤，帮助企业从传统模式转型为逆向模式。另外，我们将为那些最终想要在公司里建立逆向思维文化的企业提供一种组织模型。

如何阅读这本书

这既是一本讲述逆向思维的书，也是一本关于物联网的书，因为这两者都强化了对方的存在。一家全面推行逆向思维的企业很快就会发现，它过去一直被自己产品的边界束缚着，因为任何产品实际上都只能做到一件事。而物联网正是可以打破这种束缚的技术，它使得那些接受了逆向思维的企业可以通过远程感知直接参与客户的体验过程，并通过毫不迟疑地改变产品功能来快速满足客户的需求。

另外，只有当企业从商业的角度真正理解了为什么物联网具有变革性力量时，物联网的全部潜力才有可能实现。逆向思维为人们理解物联网技术的潜力和应用搭建了一个清晰的商业框架。虽然企业在不使用物联网技术的情况下，依然可以用逆向思维的方式来开展运营（例如，Kickstarter 和 Indiegogo 这样的众筹企业就获得了巨大的成功），或者企业可以在传统的产品优先的项目中使用物联网技术（我们将在后面的章节中给出具体的案例），但是只有把这两者结合在一起，企业才能获得最大的收益。

我们将从商业和技术的角度来阐释逆向思维与物联网是如何在具体实践中相互促进的。我们会严谨并全面地展开这本书的内容，这样做不仅能让所有的读者充分了解物联网以及它所带来的各种可能性，而且能让你们明白如何部署物联网才能够成功地实践逆向思维。

有商业背景的读者也许会更关注本书的第一部分和第三部分，我们在这两个部分解释了逆向思维的定义及其具体实践方式，但是这类读者应该至少快速地浏览一遍第二部分中更具技术性的内容，以理解物联网技术的各个发展阶段，以及这些技术如何向人们提供各种工具来充分利用逆向思维。为了使物联网和逆向思维更加易于理解，我们对许多公司进行了详尽的采访，并将这些故事穿插在了本书的各个章节中；另外，我们在第八章给出了关于这些采访的更多细节。对技术感兴趣的读者很可能会被本书的第二部分所吸引，因为我们在这个部分非常细致地探讨了物联网的演化过程。在具体讲述不同的物联网技术时，我们组织资料的方式是很独特的。我们是按照这些技术给用户带来的体验，而不是按照网络、传感器、执行器，以及其他各类组件涉及的技术细节来展示相关资料的。

对CEO（首席执行官）、公司的高层管理人员、董事会成员、工程师，以及产品经理来说，我们传递的信息是非常清晰的：无论公司的市场份额或你的行业地位有多高，如果你在物联网时代还抱着产品优先的理念不放，那么你就会限制自己的发展机遇、增加自己的机会成本、丢失至关重要的客户数据流，并加速自己被市场淘汰的过程。

对那些渴望在未来成为CEO的读者来说，我们传递的信息也是很明确的：你不能再只顾一个方面了。你再也不能说"我只是一个商人"或者"我只是一个工程技术人员"了。你要么两者都是，要么什么都不是。

对那些痴迷于已经出现在日常生活中的各种智能互联设备的消费者来说，我们想传递的信息是，这些智能设备的出现意味着你将有更多的控制权、更多的选择权，并且能更加省钱，但它们也会对个人隐私构成更大的威胁。当你拥抱互联设备令人兴奋的潜力时，你需要首先了解并明白这个世界可能会要求你做出什么样的妥协。

打破现状必定会让人感到不适和不安，物联网引发的颠覆性变革也不例外。然而，在一个复杂的世界里，逆向思维是我们获得成功的关键。在这样一个世界里，平行发展的技术必须得到整合。为了实现这一目标，我们不能再坚持使用过时的思维方式了。

现在，让我们认真地审视一下这个全新的、逆向的世界吧。

第一部分
开启逆转之路

第一章
从产品到需求再到体验

这是 2030 年的一天。今天早上，你很早就起床了，因为日程表显示你早上有一个电话会议。匆匆吃完早饭后，你走进车库，坐上了自己的车，车载系统立刻识别出了你的脸和你穿戴的智能设备。这辆车在今天早上刚刚给自己充满了电，但是它昨天晚上还把自己的电出售给了当地的电网。[1] 你把座椅靠背向后转动，让自己坐得更舒服些。接着，你的车通过内置的融入式显示器为你开启了今天早上的视频会议。

与此同时，你的车开始载你前往办公室，它无缝地驶入了一条装有多个传感器的高速公路，与其他车辆排成了一列纵队。[2] 路上已经没有交通信号灯了，只有防碰撞算法在后台运行。[3] 在送你去办公室之前，你的汽车已经在星巴克帮你买好了一杯咖啡。这样，你在路过星巴克的时候就可以去取这杯咖啡了。另外，这杯咖啡中的咖啡因含量也已经根据你的血压进行了调整，因为你身上的可穿戴设备报告说你的血压有点儿高。几分钟后，你的汽车预订了一个停车位，并在一片空地上停了约15分钟[4]，把你的视频会议转接到了你的智能眼镜上，这样你就可以下车，然后在走向办公室的路上继续你的视频会议了。此时，你的车已经准备好去做定期的常规保养，并帮你做很多其他的事情了。

上午10点45分，你的车在一家充电站更换了电池。[5] 接着，它去了附近的一家洗衣店，取回了由机器人送来的一套你的西装。[6] 在这之后，你的车开始为你兼职打工。通过加入一家以共享经济为商业模式的包裹快递公司，你的车开始递送各种包裹，以此为你赚取一些额外的收入。与此同时，它通过家庭太阳能发电装置产生的清洁能源来偿还汽车制造过程中产生的碳债务。[7] 下午5点30分，你的车准时且安静地停在了办公大楼的门厅前，此时你刚好走出办公大楼。此前，在下午3点15分，你与你所在街区的另一个家庭共享的汽车抵达了当地的中学，它接到了你的孩子，然后带他们前往足球场练球。一路上，他们在人工智能家教系统的辅导下完成了当天的家庭作业。

回到车里后,你和你的虚拟助理进行了交谈,为你的家庭安排了春假期间的旅行。[8] 车上的系统注意到了你疲劳的神态[9],所以它在回家的路上播放了古典音乐。[10] 你在同样的音乐声中步入了自己的家,此时,室内的空调已经调至让你感觉舒适的温度。

这些并不是科幻小说所描写的场景:虽然这看上去非常像是老套的有关未来世界的描述,但是其中涉及的技术在今天已经存在。当然,这些技术目前还处于早期阶段,需要经过更多的测试才能进入成熟阶段。但是,在10多年之后,数百万名居住在城市里的早期技术使用者很可能会拥有和上述场景非常相似的日常生活。

为什么必须改变产品优先模式

从表面上来看,前面讲述的也许只是一个关于技术的故事。我们当下使用的技术极其复杂,而这些技术体现了商业思维的根本性改变:不仅是驱动创新的力量在发生改变,企业看待客户需求的方式也在发生改变。这使得自动化通勤很快就会成为现实。因此,在这样一个层面上,上面所描述的故事很可能变成事实。

毫无疑问，这种商业模式的变革采用了一种可见的方式，那就是技术。能够实现上述场景的信息基础设施需要成千上万个智能设备和系统以近乎完美的可靠性实时协同运作。只有研发出这样的信息基础设施，我们才能使汽车自动执行多项任务或完成各种复杂的事情，并最终使之成为我们日常生活的一部分。几乎无处不在的无线连接、图像识别算法、快速且可靠的 RFID 支付系统、预测分析技术、先进的机器人、融入式家庭网络、灵敏的传感器网络、能够管理 TB 量级数据的计算技术、机器学习、人工智能——所有这些实际上都是同一种思维过程的产物，这种思维过程寻求的并不是销售各种产品，而是重塑人类与这个世界互动的方式。逆向思维的直接结果是，商业和技术颠覆正在创造一些系统，这些系统拥有不断演化的智能，能够进行深度学习，而且它们无缝集成和协同运作的能力也在与日俱增。

一个例子是谷歌子公司 Nest 的自我学习恒温器。这款产品在 2011 年被推出，它是对人们熟悉的家用设备的一次创新。这款产品非常时尚，并且充满了现代感。它重新定义了人们和自己的家互动的模式。Nest 公司的创始人发现，一个普通人平均每年会使用家里的室内恒温器调节温度 1 500 次，所以他们设计了这款恒温器，它有自我学习以及预测客户需求的能力。这样,人们就再也不需要不断地调节家中的温度设定了。更重要的是,这款恒温器还能通过家中的 Wi-Fi 与互联网连接,所以,你可以在刚刚结束长假、开车回家的路上让你的房间预先调高室内的温度,或者在不在家时利用温度传感器来监控家中的温度。这是物联网产品进入庞大的消费品市场的最早案例之一。

但是,Nest 公司使用物联网技术只是故事的一半,而故事的另一半是 Nest 公司的商业理念。在 Nest 公司成立时,霍尼韦尔公司是家用恒温器市场的领头羊。2010 年,霍尼韦尔公司的网站还很自豪地宣传着,这家公司的前身巴茨热电控制器公司(Butz Thermo-Electric Regulator Company)在 1885 年就已经生产了世界上第一款用于控制家庭供暖的恒温控制器。这家公司后来成为联合温度控制公司(Consolidated Temperature Controlling Company),之后又改名为电热调节器公司(Electric Heat Regulator Company),最后与霍尼韦尔供热专业公司(Honeywell Heating Specialty Company)合并。从上述这些公司名称中能够看出,霍尼韦尔公司是用它的产品来定义自己的。简单地讲,霍尼韦尔就是供暖控制。

Nest 公司的使命则非常不同:"Nest 正在创造一个体贴入微的家。这个家不仅会照顾居住在里面的主人,而且会照顾它周围的环境。"Nest 并没有根据它制造的产品,而是根据它满足的需求定义了自己的使命。这就是我们所说的逆向思维的本质。自2011年以来，Nest的产品线一直在扩展，已经涉及了烟雾警报器以及监控摄像头。物联网对Nest的产品线至关重要，因为它使这些产品能够无缝地协同运作，为用户创造一种完整的体验。Nest还充分利用物联网技术，把其他公司的产品与自己的产品进行了整合。Nest的网站上罗列了几十种可以与它的产品进行整合的其他公司的产品，包括智能照明、草坪洒水控制器、远程遥控门锁、室内吊扇等。所有这些产品都强化了Nest公司的核心使命：照顾好家中的主人。Nest利用互联网连接，不仅打破了恒温器公司产品线的传统边界，而且打破了自己产品线的边界。作为一种技术创新，物联网通过这种方式使企业能够不受限制地追求基于需求的使命。

大概到了2017年，霍尼韦尔公司也开始在自己的网站上宣传一款可以与互联网连接的Lyric恒温器。在网站上，这家公司是这样说的："你将会拥有一个主动适应你的需求的家。把Lyric系列产品放在你家，生活会变得轻松自在。"在过去100多年的时间里，霍尼韦尔公司始终把自己看作一家生产供暖控制器的公司，但是Nest只花了5年的时间，就迫使霍尼韦尔公司对自己重新进行了定位。

历史上第一次，我们不仅拥有了新的技术，而且拥有了新的架构和思维方式。这种新的架构和思维方式使我们能够预测大多数人的需求，并且以一种不受物理世界限制的方式来满足这些需求。预测分析和高成本效益的超级计算等进步为客户提供了前所未有的多样化选项和更低的成本。但目前只有相对少数的企业接受了这些技术，以及充分利用这些技术所必须具备的新思维方式。而对绝大多数企业来说，改变思考的方式实际上已经成了一个生存问题。

虽然有成千上万家企业——其中很多是小型的、灵活的创业公司——接受了物联网的潜力，但仍然有更多的企业被困在了产品优先的商业模式中，它们要么对物联网一无所知，要么根本无法把握物联网的真正潜力。高德纳咨询公司在2015年11月进行的一项调查表明，尽管大多数企业领导者都了解物联网，但是在所有接受调查的企业中，只有29%的企业在日常运营中积极地运用物联网。[11]而余下71%的企业把解决方案推向市场的流程大概如下。

1. 评估公司现有的产品或服务市场。
2. 在企业现有产品或服务概念的框架内寻找未被满足或未被充分满足的需求，或者寻找能够扩大销售或替换过时产品和服务的机会。

3. 概念化可能满足上述机会的产品或服务，并进行试点。

4. 通过直销或零售渠道制造、分销并销售上述产品；通过现有的关系或者沟通渠道销售相关的服务。

5. 希望上述流程以及由此带来的客户满意度能够在投资方面产生积极的回报。

这个过程反映了一个多世纪以来，各种新产品和新服务进入市场的途径。公平地说，传统的战略思维只为企业主、工程师以及产品经理提供了很少的选项。无论最终的产品是笔记本电脑、足球、摩托车，还是超声波机器，基本的范式都保持不变：评估、构想、设计、制造、运输，然后不断地重复这个过程。但是在物联网时代，随着我们适应了快速、个性化的科技世界，我们不难看出这种产品优先的商业模式具有一些内在的、深层次的缺陷。

第一，这种模式的风险和成本较高。从基础设施和生产到仓储和服务，与开发、原型设计、测试和生产一款新的实体产品相关的成本是极其惊人的。哪怕生产的只是一款与之前相比稍有改进的产品，企业需要投入的成本也是极其高昂的。有些企业采用的策略是不断迭代当下广受欢迎的产品。它们期望这些产品的最新版本能够成为市场上的"热门"产品，这样，它们就可以通过某一款产品获得极其可观的收入。我想到的最有可能采用这种策略的企业包括汽车制造商、手机制造商以及大型制药公司。但是对依赖于其产品的垂直行业来说,在迭代过程中的前期投入成本构成了巨大的风险。即使是那些非实体类的产品,比如好莱坞的夏季扛鼎之作,也需要人们在前期投入巨额的资金,这使得这些作品或多或少地面临着"要么火爆异常,要么完全失败"的状况。

第二,在产品发货的时候,企业与客户的互动就结束了。当产品离开仓库,被发运给零售商或者客户的时候,制造商与产品的关系就走向了尽头。制造商与最终用户之间可能存在的互动表现为售后热线、客户投诉、保修卡登记、偶尔进行的市场调研或小组座谈,以及客户在 Yelp 这样的点评网站上给出的评论。但是,这些渠道并不能提供丰富的客户使用数据。事实上,来自这些渠道的数据大多是负面的,而不是正面的。有些企业会开展广泛的市场调研,但这并不能提供实时的、每周 7 天且每天 24 小时不间断的用户案例、流量数据以及用户反馈。最终,工程师和设计师还是会有这样的问题:"明年我们准备推出的新产品应该是什么样子?"事实上,他们常常使用零碎的、不精确的数据,或者根本没有任何数据可供参考。

另外,采用产品优先模式的企业不得不将其认为可以帮助到客户的所有东西打包到其互联设备中，因为它知道，在产品离开工厂以后，自己能做的就只有收集关于客户满意度的二手信息了。此时，企业已经无法继续满足客户的需求或者提供价值了。但是，物联网使企业可以在交易完成后的很长一段时间内继续与客户进行互动。企业不仅可以为客户提供额外的功能，响应客户的需求，而且可以随着技术的不断演化继续向客户提供新的价值。

第三，这种模式过于僵化。在产品优先模式中，产品的功能依然受到了外形的制约。即便你在家用音响系统里安装了微处理器，它依然只是家用音响系统，除非它能够做到只有物联网才能做到的事情，比如与互联网连接。设计师在设计产品的时候往往只构思一种功能，而客户也因此只使用这种功能。通常，客户很少或者基本上不会说："我想让这件产品完成B而不是A。"即使是本质上比实体产品更具灵活性的服务，也往往是静态的、僵化的。这是因为企业在开发和销售这些产品时，已经投入了大量的资金，所以它们很不愿意调整产品去适应客户的需求。

第四，这种模式对市场变化的反应极其迟钝。在采用产品优先模式的企业里，产品升级通常就像蜗牛爬行一样缓慢。想要推出一款新的产品，首先要进行设计，然后要添加一些新的、特别的功能，从而使升级、制造和运输所需要的成本合理化。对有些公司来说，推出新型号的产品就像是一种每年都要举行的仪式。相比之下，对把软件当成一种服务的企业来说，上传漏洞的补丁或每周（甚至每天）对产品进行升级都是很平常的事情。有时候，它们甚至会在客户睡觉的时候升级软件。这些企业销售的是托管在远程服务器上的某种软件的定期使用权，客户拥有的只是软件的使用许可，而不是软件本身。这些企业会持续不断地与客户进行互动并收集相关的数据，这样的做法实际上是它们商业模式的一部分。这使得它们的产品能够随着市场的变化而演化。与之相比，生产一款新车——从分析客户的需求到新车设计、模型构建、原型制造、模具制造和最后的生产制造——通常需要三年左右的时间。所以，任何行动迟缓的企业都会明显处于劣势地位：等到它们发布某款经过精心打造的新版产品时，整个市场可能已经面目全非了。

第五，在这种模式中，产品会受制于品牌。1982年，在高露洁成为"高露洁棕榄"家居用品公司之前，它决定推出"高露洁厨房主菜"系列冷冻食品。这家公司投放了大量电视广告，如果按照收视率来计算，那么它几乎在每一个看到了广告的观众身上投入了16美元。同时，它提供了大量折扣券。这个公司试图从Lean Cuisine（瘦身特餐公司）的手中夺取市场份额。它的产品最后并没有获得成功,因为在消费者的心中,高露洁是一个牙膏品牌,而不是一个食品品牌。

当你只关注产品的时候,产品就会成为你的品牌。消费者往往会把一家企业和其产品类别联系在一起。通常,在这样的联系建立起来以后,再想把这家企业与其他行业联系在一起就会非常困难。当采用产品优先模式的企业试图跳出自己的"核心产品圈"时,即便它推出的产品极其出色,它失败的可能性依然很高。

不过,谷歌这样的公司就不会面临这种障碍。谷歌在刚起步时的定位也许只是一家研究网络搜索的公司,但它现在已经跳出这一核心领域,并向外走了很远。目前,它已经是众多不同领域中的创新者,这些领域包括广告、宽带连接和生命科学。同时,它通过收购 Nest 和 YouTube(优兔)这样的企业,踏入了家庭环境控制和消费影视行业。因为谷歌从来没有把自己与任何特定的产品或产品类别挂钩,所以它在冒险踏入一些全新的行业,比如航天航空领域时,并没有遇到很明显的正面阻力。事实上,正是在众多领域中的大胆创新,而不是向客户提供的某种特定产品,真正定义了谷歌这个品牌。

除了上面谈到的几点缺陷以外,产品优先的商业模式还很容易受到盗窃、破坏以及竞争压力的影响,因为不想放弃这种模式的企业在适应各种颠覆市场的力量时，它们的反应速度是非常缓慢的，而颠覆现状的力量就是物联网和逆向思维背后的哲学操作系统。

颠覆出租车行业的力量

影响了整个出租车行业的变革浪潮就是一个极好的例子。17世纪，在伦敦和巴黎的街头出现了可供出租的四轮马拉车；到19世纪，这种车辆被灵活、快速的双轮马车替代了；到了今天，这些车辆又被配备了汽油发动机的现代出租车所取代。然而数百年来，这个行业背后的商业模式从来没有发生过任何改变。如今，由政府机构授权并管理的出租车队能够以固定的价格将乘客送达目的地。不过，出租车行业所取得的最主要的技术进步——那个醒目的计价器以及用于派遣车辆到指定地点去接乘客的无线电调度系统——并没有改变这个行业背后的商业模式或客户体验。

尽管自英国国王查理一世时代以来，出租车的商业环境一直在"去管制"和"行业保护"这两个极端之间摇摆，但是对搭乘出租车的乘客来说，这两种做法并没有什么区别。无论是在大街上招一辆出租车，还是在电话里等15分钟以便与调度员沟通,等候一辆出租车的过程总是充满焦虑和烦躁。在很多城市,这完全是一件靠运气的事,因为你的司机很可能根本不知道你的目的地在哪里以及如何抵达那里。当然,伦敦是一个明显的例外,这座城市的出租车司机极其出色,他们掌握了大量的、让人眼花缭乱的城市数据点,这些数据点被他们称作"基本常识"。另外,车辆本身可能会非常干净且安全,也可能会非常糟糕。但有一件事情是确凿无疑的:无论你的司机是非常专业的还是让人讨厌的,他们都希望你能在抵达目的地的时候给他们一笔丰厚的小费。

优步公司就是在这样的市场背景下出现的。这家公司让传统的出租车企业陷入了恐慌,因为优步公司并没有与它们展开直接的竞争,而是重构了一种把乘客从A点送到B点的体验。你是否对粗鲁的司机和肮脏的车辆感到不满?这是一个让司机负责的乘客打分系统。你是否厌倦了被高昂的车费弄得措手不及?这家公司的App可以让你提前知道你的车费,然后直接从你的信用卡上扣款;你只需要打开车门坐进去,然后在到达目的地后直接下车就行了。你是否讨厌行业管理中的各种垄断行为以及徇私现象?这是一个专门为了方便你而设计的新系统。

优步对其使命的定义甚至比"重新构想乘坐出租车的体验"更加深刻。优步并没有把自己定义成一家出租车公司,它是这样陈述自己的使命的:"无论是出租车、一块三明治,还是一个包裹,当我们的客户有需要时,我们会利用技术来满足他们的需求。"随着时间的推移,优步扩大了它最初的出租车服务,包括优步拼车(uberPOOL)、优步豪车(uberLUX)、优步快递(uberRUSH)、优步外卖(uberEATS)等。优步不仅仅是一家能够向你提供更好的服务的出租车公司,实际上,它开创了一种截然不同的业务。如果说优步与出租车企业有竞争关系,那只不过是优步在重新构建其使命时产生的副作用,出租车业务绝不是其主要的经营目标。[12]

优步和其他的共享乘车企业(比如来福车)通过改变用户与周围物理世界的关系颠覆了整个出租车市场。在这个过程中,它们对很多城市的出租车市场产生了极其深远的经济影响。例如,《洛杉矶时报》曾经报道,从2012年(优步和来福车开始在洛杉矶运营)以来,一直到2015年,乘坐传统出租车的人数下降了近30%,从2012年的840万下降到了略多于600万。洛杉矶柴克出租车公司(LA Checker Cab)的新闻发言人曾抱怨,在上述时间段,传统出租车司机的实际收入下降了50%。类似的影响也出现在了其他城市,比如拉斯韦加斯等。种种迹象清晰地表明,一种多年来一直有效的商业模式已经被激进的行业新成员们彻底颠覆了。

第一章 从产品到需求再到体验

以体验为导向的核心竞争力

上面这个故事告诉我们，以产品为导向的核心竞争力可能存在各种风险。企业通常用核心竞争力来定义自己的使命，并以此将自己与竞争对手区分开来。在过去的数百年时间里，绝大多数企业的核心竞争力都是设计、生产以及销售它们的实体产品或服务。一家以产品为中心的企业，其核心关注点也只能是它的产品或相关的产品线。企业会开发相应的"解决方案"，旨在构建出特别的场景，以销售它们的产品。

通用汽车公司的一个市场背景是把汽车销售给个人消费者。通用汽车为这个市场背景构建的解决方案包括建立经销商网络以及售后服务中心。它的另一个市场背景是将汽车批量销售给租车公司、警察局以及类似的专业客户，每个这样的客户都需要独立的销售、营销以及其他具有支持功能的团队，这些团队和面向个人消费者的经销商网络截然不同。然而，在不同的解决方案中，除了一些小型的定制化服务以外，比如针对执法车辆采用重型悬挂，产品本身基本没有什么不同。

在一家产品优先的企业里，工程师的主要工作是确保产品在装运时能够达到设计标准。为了做到这一点，企业会采用严格的设计、生产和质量保证体系。但是，定制化和创新可能会被看作一种包装产品的方式——重新包装同样的产品，然后在不同的垂直市场进行销售。在产品优先模式中，重点不是解决新的问题或者满足新的需求，而是不断地在渠道中填充各种新产品和营销信息以满足潜在新客户的需求，因为新客户是企业成长的引擎。

在过去的很多年里，这种模式在企业中运行得很好，它创造了数万亿美元的财富，并且成了世界上最强大的经济体的堡垒。然而，传统的产品优先企业被诸如企业债务、自我意识、傲慢、股东压力等因素遮挡了视线，没有看到那些拥抱物联网的大胆的企业思想家和创业者给这种传统模式带来的风险。

与此同时，那些灵活的企业家已经清楚地看到了这一点，并且开始探索一种不同的框架。他们用一种截然不同的方式来看待自己的产品、使命，以及目标。例如，像亚马逊这样的伟大企业永远不会用一种静止不变的观点来看待自己企业的业务，它们会去探究这些业务是否还可以有其他的形态。它们明白，任何框架都必须不断地做出改变，以适应消费者的需求。这样的企业不是因循守旧的企业，它们的核心竞争力绝不是制造并交付某种具体的物理产品，而是满足客户的特定需求并提供某种体验。通过探究满足客户需求和创造体验的各种方式（尤其是物联网技术），这些企业把选择权、控制权以及反馈的权利交到了客户的手上。因此，它们提供的价值是那些产品优先的企业无法匹敌的。

如果一家企业无比钟爱自己的产品，并且完全忽视了产品背后潜藏的需求以及客户对体验的渴望，那么这家企业就会陷入一种"框架惯性"的状态。在这种状态下，企业没有能力让自己和自己的产品超越当前的状态，它会很快变得盲目，并且以令人惊讶的速度与市场脱节。我们以摩托罗拉和它的刀锋系列手机为例。摩托罗拉不仅发明了蜂窝移动电话，而且发明了相关的基础架构。2003年，摩托罗拉推出了一款表面光滑、具有金属质感的刀锋V3翻盖手机。到2006年中，这款手机的销量已经超过了5 000万。[13]然而，摩托罗拉并不知道，2006年也是它开始走下坡路的一年。同年9月，加拿大的RIM（移动研究公司）推出了一款以原来的"黑莓"手机为基础的、经过了大胆的重新设计的新产品8100，这款产品也被称为"珍珠"。很快，"珍珠"就成了商人、企业家以及专业人士的首选移动通信设备。

几年前，RIM就预见到了人们将如何使用移动设备：除了通常的语音通话外，他们还将用移动设备发送电子邮件。正是因为有了这个全新的视角，RIM最后改变了整个行业的游戏规则。这款全新的黑莓手机彻底碾压了摩托罗拉的刀锋V3，因为它不仅仅是一款全新的产品,而且提供了一种全新的体验。RIM 为此重新构想了自己的核心竞争力,现在,制造手机已经不再是它关注的重点,帮助人们在移动过程中进行交流(无论是通过语音还是通过电子邮件)才是这家企业真正的核心。而此时,摩托罗拉还坚持着旧的商业模式——对旧型号的手机进行改进,并重新命名——所以到了 2007 年的第 4 季度,刀锋系列手机被彻底淘汰了。

具有讽刺意味的是,2007 年 4 月,苹果的梦幻手机 iPhone 登场了。这部手机甚至拥有一个更加宏大的使命:改变人们体验周围世界的方式。事实上,智能手机就像一根帮助人们使用物联网的魔杖,而它本身也可以被看作"装在盒子里的物联网"。iPhone 的推出引发了 RIM 公司绝望的反击,但该公司最终仍然无法避免地滑向了无人问津的深渊。这个故事实际上在警示我们,代表产品优先思维方式的经典提问"我们产品的卖点是什么"已经成了一种始终存在的风险。

创客文化

在这里,我们必须提及另外一个促使人们重新审视产品优先模式的重要因素,这一因素就是所谓的创客文化。对一个有创造力的人来说，他当下面对的是可供使用的"快速原型设计工具"的爆炸式增长，以及一种迭代创新与发展的新思维，这一切正在改变产品的开发方式。

我们以快速原型技术为例。3D打印使设计师在突然有了某种创意时，可以马上实现他们的想法。他们只需要把自己的设想打印出来，去触摸它、了解它的工作方式，然后改变它并进行迭代。从业余爱好者到真正的设计师，许多人都在使用3D打印和其他机械制造技术——比如台式计算机数控铣床或激光切割机——迅速地把他们的想法转变为现实。这一趋势引发了现代创客运动，重新激起了人们对硬件的兴趣。大型企业要注意了，大众的创造力已经被释放出来，我们正处于一个大规模平行创新的时代。在这个时代，消费者正在改造现有的产品，甚至正在创造他们自己的产品。

快速原型技术也可以应用于电子产品和软件产品。在这两个领域中，类似的工具进步缩短了从创意到行动所需要的时间。Arduino是一个开源的微机开发板家族，用户可以很容易地在上面进行各种编程操作。它自带的各种插件彻底改变了DIY（自己动手做）电子产品的学习、教学以及制作过程，这影响了物联网的发展。树莓派（Raspberry Pi）是一台配有Linux操作系统的微型电脑，售价不到40美元，它将DIY电子产品的功能提高到了一个全新的水平。开发人员可以在 Arduino 和树莓派中添加 Wi-Fi、蓝牙、ZigBee 以及蜂窝网络等功能。在创客博览会上，你经常会看到一些中学生展示连大公司都会嫉妒的作品。

与此同时，一场 DIY 软件生产力的革命正在发生。Python 这样的编程软件、Django 这样的框架，以及 node.js 这样的环境使云端和客户端的软件开发变得易于访问、强大快捷。年轻人现在可以在 YouTube 上自学编程，并在几天内跟上进度。人们甚至可以通过 TensorFlow 来接触机器学习这种先进的概念，它是一种开源的机器学习库，专门用于构建和培训神经网络来识别一些特定的模式。

迭代到最优点

上面的故事没有提到的是，这些创客是如何将他们的创意转变为原型，再转变为金钱的。当然，创客们不会受到预算审查委员会以及阶段审查程序的限制；相反，他们关注的是灵活性。按照埃里克·莱斯（Eric Ries）的说法，他们会"最大化每一美元的迭代循环次数"[14]。你有一个创意？请不要浪费你的时间，把你的创意变成现实吧。

一个追求完美的创客也许可以在一周内将一款新型电动滑板的创意转变成原型。他可以通过 GitHub 获得软件，在阿里巴巴网站上购买电动机，下单 RC Hobby Pro 的电池，并通过 McMaster-Carr 购买其他部件。有些部件可以使用 3D 打印，而有些部件可以使用激光切割或者水切割。就这样，你可以很快制作出一台能够运行的原型机。或许你想追踪用户在使用滑板时的路线，那么你可以加上 GPS（全球定位系统）模块，配置一个调制解调器，然后充分利用云计算。你想要添加语音识别或文本转换语音的功能吗？你完全可以使用基于云的服务，这实在是太简单了。

　　接下来，你就可以对你的原型机进行测试了，看看它能否像你设想的那样运作。不要去想如何保密，你执行项目的速度和激情能够让你战胜任何后来的模仿者。你可以向你的朋友展示原型机，从他们那里获得反馈，然后修正所有可能存在的问题。然后，再次进行测试并不断地重复这个过程。如果测试结果显示你的原型机没有什么问题，那么你根本不需要在百思买（Best Buy）或者塔吉特超市（Target）设立专柜，你完全可以在网上进行预售。你可以在 Kickstarter 和 Indiegogo 这样的"需求感知"平台上进行众筹，从而激起人们的兴趣，并衡量该产品的市场需求。如果有足够多的人愿意给你资金或者预订你的产品，那么你的实验就获得了成功。如果没有人愿意购买，那么你也已经收集到了有价值的数据，可以重新开始设计。

快速原型技术和众筹并不只是制造和创收的方式，它们是改变企业经营方式的工具。它们能够以不可思议的速度把创意转变为产品，然后加工并升级它们，以满足客户的需求，从而为企业带来收入。而与此同时，那些大型企业很可能仍然在组织焦点小组，就新产品的开发进行讨论。

提出解决方案

从智能刀叉和牙刷到可以进行自我监控的石油钻井设备，随着新产品上市时间的缩短，以及物联网悄无声息地渗透到人类企业的几乎每个角落，越来越多的企业开始认识到，把自己从产品优先策略的限制中解放出来是多么明智。在这方面，小型创业公司具有天然的优势，它们的规模和资源无法与索尼公司、美国通用电气公司或者强生公司展开竞争，所以它们根本不会做出这样的尝试。它们没有其他的选择，只能设法找出隐藏的需求，解锁相应的价值，创造新的市场并投入巨大的赌注。它们就像在股票市场上寻找被低估的企业的价值投资者，试图找到别的公司错过的机遇。

当这些创业者找到了某个可以货币化的、还没有被满足的需求时，他们有很多种不同的工具可以使用。除了物联网之外，移动设备和机器学习都可以被用来向客户提供定制的、舒适的体验。如果这样的体验足够新颖、吸引人，并且能提供对客户有意义的价值，那么他们不仅能赢得这些客户的业务，而且能够获得客户的忠诚。绝大多数类似的尝试都以失败告终，但是那些最终获得成功的企业会给人带来非常深刻的印象，它们会创造利润丰厚的新市场，并颠覆整个传统行业。

在这里，物联网成了推动逆向思维的一个不可或缺的因素。对那些在共享经济模式中运营的企业来说，手机和软件 App 是成功的基石。然而，在共享经济以外的市场上，一台能够收集数据、分析数据并为用户提供可操作信息的联网设备很可能只是进入这个市场的基本要求；因为在这样的市场上，满足客户需求的重要性已经超过了移动产品的重要性。例如，Fitbit 手环能够在用户还没有达到每天必须完成的行走步数目标时发出通知。在实现这一功能的时候，Fitbit 手环实际上正在借用用户手机的上网功能，以充分利用数据的价值。所以，物联网设备对任何全面的解决方案来说都是必不可少的。

然而，即便大型企业不是物联网领域中的积极参与者，它们依然能够遵循同样的以解决方案为核心的道路。谷歌是世界上最有价值的企业之一，它同样擅长推出以客户需求为导向的新产品和在线服务、以解决方案为导向的销售服务，并且能够密切追踪用户使用产品的方式。谷歌能做到这一点的部分原因是，在过去10多年的时间里，该公司一直在部署机器学习（这是一种计算机程序，它能够在接触新的数据后改变运作方式）以及深度学习（这是机器学习的一种形式，它采用了神经网络技术，是人工智能的基础）。谷歌也许有超过6万名员工，但它依然保持着一家创业公司所拥有的灵活性和活力，因为它复杂的客户交互、测试和数据收集方法从一开始就融入了它的商业模式。

亚马逊的Kindle电子书阅读器可以被看作一个以解决方案为导向的经典案例。在Kindle占据了电子书阅读器市场的主导地位后，一家以产品为导向的公司很可能会宣布自己已经获得了胜利。但是，亚马逊的目标是重塑并提供不可取代的阅读体验，所以它又面向智能手机和平板电脑推出了Kindle的App。虽然这样做有损于它自己的产品，但它最终赢得了整个市场。这并不是一次物联网引发的改变，但是整个过程确实体现了物联网世界所需要的那种"快速失败、快速转向"的理念。这就是我们所说的逆向思维：把需求放在产品之前。

对一家大型传统企业来说，这样的方式是有可能成功的，但是它可能会遇到障碍。对这类企业来说，最大的挑战是在不影响为企业带来收入的核心竞争力的前提下，如何跳出产品导向的约束。当这些企业发现自己能够满足某种深层次的个人需求，或者就某个很多人认为无解的问题给出解决方案时，它们就能够在小企业完全无法比拟的规模上创造巨大的成功。

例如，一项由雪佛兰公司委托进行的哈里斯民意调查（Harris Poll survey）显示，55%的青少年父母担心他们的孩子在没有人监管的情况下私自开车，他们对这件事的担忧已经超过了其他事情，包括喝酒和性。作为对这种担忧的回应，威瑞森通信公司发明了一种叫作Hum的联网设备，它可以插入汽车的车载诊断端口。该设备可以为你联系路边的救援人员，或者翻译车辆的诊断信息。但Hum真正的好处在于，它可以让家长对汽车进行限速，并设定汽车的行动范围，这样他们就能通过移动设备在云端监控孩子的驾驶习惯了。

无论是拥有不到10个员工的创业公司，还是标准普尔500指数覆盖的公司，物联网体现的商业新思维具有改变各种公司的业务的潜力。但是，想要充分利用这个时代给我们带来的机遇，商界领袖、创业者、工程师、设计师、开发人员，以及产品经理必须了解商业基本面的变化。出现这种变化的部分原因是物联网能够使业务接近终端用户，这使得企业能够以前所未有的即时性和相关性来收集用户数据。

6 个正在改变的商业基本面

在这个小节里，我们将具体审视在产品优先商业策略的世界中，人们是如何运用 6 个商业基本面的。尽管这些商业面并不是导致企业失败的原因，但它们是物联网试图改变的重要对象（有时候，这样的改变甚至是非常巨大的）。我们将在第二章看到，随着新的商业基本面的出现，我们应当运用什么样的新方法。

品牌

长久以来，品牌一直是商业运作的圣杯，对那些销售大众市场消费品的企业来说更是如此。传统上，品牌可以被看作企业向消费者传递的、有关产品或服务整体质量的信息和承诺。品牌还被看作企业价值最重要的组成部分，需要企业不惜一切代价地予以守护。从很多方面来看，品牌本身就是物联网到来之前的一种传统商品，因为在消费品领域，很多企业通常会把品牌当作一种有利可图的物理实体，并用其来推销一种归属感、时尚感，或者"酷"感。

在很多情况下，企业自身的品牌会超越产品的品牌，甚至会给相关产品套上一个"品牌光环"。仅仅因为某款产品源自某家企业，它就能拥有一种天然的优越感。保时捷就是一个很明显的例子，这个品牌的汽车因为其独特的外观、风格和性能，不仅激发了客户的忠诚和喜爱，而且让车主产生了一种强烈的归属感（如果你曾经看到过保时捷车主互相挥手打招呼的方式，你就会明白我的意思了）。

在产品优先的世界里，品牌不仅和产品的设计、材料等物理特性以及外观密切相关，而且和市场营销活动所创造的社会、文化标志相关。因此，企业每年会花费数十亿美元开展品牌营销活动，以赋予产品某种不可言喻的品质。

竞争

长期以来，竞争一直是一个简单的、达尔文式的命题：每个人都是自私的，在同一个行业内，其他所有公司都是你的敌人、你潜在的公司收购者，或者你的收购目标。企业之间有清晰的边界，这条边界既是一些公司的终点，也是某些在同一个垂直市场中的公司的起点。这条边界阻止了某种正式的合作关系或战略联盟的形成，所有的公司都在抢夺市场份额。随着新产品的推出以及增量改进的出现，这样的情形实际上也在缓慢地发生改变。很多市场中有各种不同规模的参与者，但因为客户获取信息的渠道非常有限，所以他们往往无法比较不同供应商的弱项和强项。

或许最重要的是，你的竞争对手很少发生改变（因为在某个行业占据主导地位的企业往往会把自己限制在这个行业中），而且合作总是人们特意安排的，永远不可能偶然发生。

创新

创新不仅涉及重塑问题的解决方案，而且涉及重构问题本身。然而，真正的创新是非常稀有的。相比之下，绝大多数产品优先模式中的创新实际上只是名义上的创新，或者说只是对现有产品进行一些细微的、增量的、通常是表面上的调整。我们以当初的索尼随身听或者苹果的 iPod 播放器为例。这两款产品能够风靡全球，并不是因为它们就是某种真正的创新，而是因为它们将形式因素、市场营销，以及进入市场的最佳时机很好地结合在了一起。

服务方面的创新更加难得一见，因为很少有真正的"新的人类需求"可以通过产品优先世界里的工具来识别和满足。即使是那些确实存在的创新——比如，Salesforce 公司在"客户关系管理"领域进行的创新让这项业务成了主流——也更像是引入了新技术的旧的业务领域的变体，而不是真正意义上的创新。

市场份额

如果在同一个市场板块的不同公司之间存在严格的界限，那么市场份额就是衡量企业成功的主要标准。每一家企业的主要目标都是扩大其市场份额；在它们真正成功后，企业的目标就会转变为不惜一切代价地守住自己的滩头阵地，抵御国内外所有的敌人。

最关键的一点是，企业可以通过下面这两种方式之一来扩大自身的市场份额：扩大市场规模，或者从竞争对手那里夺取市场份额。在产品优先的世界里，企业通常会选择从竞争对手那里夺取市场份额，因为扩大市场规模的机会成本实在是太高了。就像在发展中国家通过建立经销商网络来销售汽车一样，这样的做法实际上是很不现实的。

所有权

在产品优先的世界里，所有权是最清晰的概念之一。因为企业之间的界限往往是有明确定义且不可逾越的，所以每家企业开发和分销的产品的所有权也只能是独家的。相比之下，服务唯一的不同之处在于它不是实物产品；知识产权法律体系保护着流程、创意、设计、企业标识，甚至保护着独特的零售店铺和餐厅的室内设计或相关的客户体验。与此同时，商标和专利法也为每一家企业生产的实物产品划定了明确的界限。

价值

在这样一种边界固定、灵活性低、适应性低的生态环境中，价值在很大程度上取决于一件产品或一项服务具体能做到些什么。对一辆摩托车来说，价值将体现在它的性能、可操控性以及可靠性上；对一顶摩托车头盔来说，价值会体现在它的舒适度、美观程度和耐用程度上；对一家摩托车修理店来说，价值则体现在维修技师的能力以及修理工作的及时性上；对摩托车经销商来说，价值体现在他们与客户沟通的频率和诚意上，也包括他们在召回等问题上采取的及时行动。

关于这种衡量价值的方式，最值得注意的是这样一个事实：企业通常不会提供超出产品或服务限制的、出人意料的价值。摩托车头盔可以对人的脸部和眼睛起到保护作用，它们可以让人免受车辆行驶过程中的风和道路碎块的伤害，并且在意外发生的时候保护人的头部。但除了这些之外，摩托车头盔没有任何其他价值，也没有人期望它们会有额外的价值。偶尔有一些受欢迎的品牌可以提供一些额外价值，比如头盔可以代表某种社会地位或者传递某种无法言喻的"酷"的感觉，但是这种类型的价值往往是不能持久的，也是变化无常的。

一个用愿景定义的世界

真正限制你的并不是技术或专业知识,而是你的思维方式。技术,尤其是物联网技术,它让人们能够设想在几年前根本无法想象的服务和市场。即便近在 10 年前,移动网络的数据传输速度、智能手机的市场渗透率,以及 GPS 定位的精确度都无法支持提供网络叫车服务的企业——比如来福车、滴滴出行、Ola、Grab 或者优步——用这种快速、便捷的方式为客户提供服务。但现在,上述公司已经成为共享经济领域里很重要的风向标,并且是近年来最具颠覆性的企业。事实上,很多革命性的创意会半途夭折,是因为能够让这些创意成为现实的技术在当时并不存在。

构成物联网的组件和数字产品包括一些很小、很轻、很便宜,并且主要用于收集海量数据的传感器,以及用来和真实世界互动的执行器件;当然,其中也涉及了机器学习,这种技术能够帮助亚马逊推出新产品,并且能够用于谷歌自动驾驶汽车的原型。虽然上述产品和技术都是最近的发明,但它们已经永久地改变了游戏规则。(有意思的是,自动驾驶汽车在技术上处于汽车设计和自主地图测绘技术的中间点。这实际上证实了谷歌的看法,即设计一辆汽车比通用汽车公司或者大众汽车公司所认为的开发自动驾驶技术更加容易。）反过来,这些新的发明在很大程度上是由于智能手机行业的激烈竞争而问世的。正如我们将看到的,智能手机就是物联网领导者手中的指挥棒。然而,所有这些工具只是工具而已,真正改变游戏规则的是这些工具赋予人们的愿景。

各种各样的解决方案、颠覆性技术和范式的转变实际上都始于聪明人提出了一些更好的问题,他们非常关注这些问题的答案,并希望这个世界的一部分可以以一种不同的、更好的方式运作。在过去,产品优先的哲学把我们的想象力局限在了我们建造的工厂、我们利用的能源,以及我们能够生产的物品上。但是今天,这样的事情再也不会发生了。我们正在从一个由技术定义的世界过渡到一个由愿景定义的世界。

在物联网时代,企业能够取得的成就将更多地取决于有远见的想法——"如果这种产品或服务的市场是这样运作的,那会有什么样的结果?"——而不再仅仅取决于你掌握了什么样的技术。不管你的创意有多么大胆,从自然语言处理到机器智能再到机器人,你所需要的解决方案很有可能已经存在,或者在麻省理工学院、谷歌的X研究中心、卡内基-梅隆大学、以色列理工学院或深圳等地被相关研究人员快速推进着。这是人类发展史上的第一次,创业者能够想象到的一切都可以实现。

第一章 从产品到需求再到体验

几个世纪以来，随着产品和客户需求的发展，新的市场已经缓缓浮现出来。100年前，如果一家企业进入了一个新的市场，那么10家或者20家竞争企业也会随之进入这个市场。即便在过去的几十年里，为一种产品创造新的市场也意味着企业需要在广告、市场营销以及品牌开发方面投入数百万美元。如果一家公司推出了某种真正具有革命性的东西，比如用数字印刷机来取代旧的胶印机，那么它将不得不克服重重怀疑。

一些资源在历史上从未被看作市场或经济活动的中心，而如今，人们可以利用它们并将它们"货币化"。来福车、Task-Rabbit（跑腿兔）、SnapGoods（社区租赁服务网站）和 Roadie（拼车送货公司），这些创业公司都是共享经济领域中的例子。这些创业公司出现的原因是，在这种以快速、直观、相互连接的设备为基础的点对点合作中，创业者看到了潜在的经济价值。企业不再需要抵御销售同一产品的不同变体的竞争者。凭借愿景、洞察力、工程和设计技能，以及想要颠覆现状的热情，任何人都可以成为行业的领跑者。这样做的人将拥抱一种全新的商业模式，即逆向模式。

第二章
逆向思维与逆向模式

2015年，当迈克尔·基廷（Michael Keating）和丹·里格尔（Dan Riegel）决定使小型电动摩托车快速、方便和低碳的好处惠及旧金山普通的通勤人群时，他们采用的方式和一家世界领先的科技公司可能采用的方式没有什么区别。他们以物联网为核心，创立了电动摩托车共享公司 Scoot Networks。

在拥有了超过 500 万美元的融资资金和超过 500 辆亮红色的小型电动摩托车后，Scoot Networks 成了电动摩托车世界中的 Zipcar。这家创业公司通过自己的软件、移动 App 以及自制的用户界面来运作。客户需要首先注册一个账号，这样他们在使用移动 App 预约电动摩托车时，就可以用信用卡付款了（他们可以按小时付款，也可以按月付款，后者的费用更为优惠）。在系统告诉客户去哪里取走他们预约的摩托车后，他们可以将智能手机和摩托车的控制面板进行连接，启动摩托车，利用 App 搜寻抵达目的地的最佳路径，并查看剩余的电量。

这款移动 App 甚至可以让客户预约停车位或延长租用时间，客户还可以通过它随时连接 Scoot Networks 的客户服务平台。当客户想归还电动摩托车时，他们只需要把车停放在城市里很多经过预先批准的停放点之一，然后直接离开就行了。系统平台会利用 GPS 定位数据通知公司这辆电动摩托车的位置，并显示车辆是可供另一位客户使用还是需要充电。[1] 这是"交通即服务"的另一种表现方式。

虽然 Scoot Networks 不像韦士柏（Vespa）那样为大众所熟知，但这并不重要，因为它们的业务也不是完全相同的。韦士柏销售的是小型摩托车，而 Scoot Networks 销售的是"便利性和城市机动性"。这个故事反映出，共享经济是正在蓬勃发展的新经济领域之一，它以移动设备、云计算以及无线连接为基础。在这样的背景下，Scoot Networks 和类似市场空间中的大量创业公司的经济影响没有那么重要，更重要的是，它们标志着一场正在进行的转型。换句话说，产品优先的经济已经开始衰退，而由物联网以及逆向思维驱动的商业模式还在不断地演化。

企业的逆向思维

人们很容易把像 Scoot Networks 这样的公司取得成功的原因归于它们采用了物联网技术，但这些公司真正的创新发生在更深的层次，并且和它们定义自己使命的方式密切相关。Scoot Networks 的使命以消费者的一个特定需求为核心，这个需求就是便捷的城市交通。以这一使命为出发点，这家公司找到了最有效的产品组合：漂亮又可爱的小型摩托车、强大的软件，以及可靠的网络连接。这样一个产品组合满足了客户的需求。物联网使得 Scoot Networks 实现这项使命成为可能，然而，这家公司思维的真正演变体现在它对自身核心竞争力的定义中。

"在过去5年的时间里，我们看到了大量交通创新的出现，从共享汽车到拼车再到共享自行车。但是，在骑乘自行车、公共汽车、火车与拼车、拥有汽车之间，有一片巨大的空白。前者实在是太慢了，而后者在城市里会遇到很多问题，而且太昂贵了。"基廷说，"随着人们对轻资产和即时城市交通解决方案的需求不断增加，我们正在与世界级的合作伙伴一起部署快速、廉价、可共享的电动交通工具。我们认为，这将是城市交通新的未来。"[2]

我们把这种彻底重构企业使命的思维称为逆向思维。顾名思义，逆向思维旨在把传统的从产品到解决方案的过程进行反转。在传统模式中，企业用自己制造的产品来定义自己的使命。至于解决方案，那多半是人们在产品制造出来之后的想法，因为人们通常会把解决方案看作一种推销产品的方法。例如，在一家床垫公司里，传统的产品优先的思维模式通常会以如下方式表现出来。

"我们利润率最高的床垫是哪一款？"

"特大号神奇之夜豪华版。"

"我们上次发布这款产品的最新版本是什么时候？"

"先生，那是在2012年，当时我们发布的是第三版。"

"我们如何才能让客户再次购买这款产品？"

"我们可以再增加20%的螺旋弹簧以及一个更厚的顶垫。"

"这样做可以为产品添加什么功能？"

"这会使它的使用感更加舒适，尤其是当客户在商店里试用它的时候。"

"就这些？"

"就这些。"

"你挑选一些新的布料图案，然后做一个样品给我。"

我会和市场部商量一下，看看我们该如何销售这款产品。"

上面的对话非常简单，但它很好地阐释了已经过时的产品优先商业模式：这个模式由猜测驱动，完全没有与客户的互动，人们关注的往往是价格，而且在整个过程中很少进行创新。这个模式依然是有效的。在某些行业，把产品送入传统的供应链确实能够继续创造大量的财富和经济活动。但是这些行业的规则在快速地发生改变。在B2C（企业对消费者）和B2B（企业对企业）领域中，客户正在提出越来越多的带有物联网特征的要求，他们希望拥有选择权和控制权。虽然像Scoot Networks这样的企业或许规模很小，但它们正在挑战并颠覆UPS（美国联合包裹运送服务公司）和联邦快递等老牌物流巨头的僵化的商业模式。与此同时，从健康诊断到家庭安保再到汽车行业，同样的事情正在数百个不同的垂直领域中上演。

毫无疑问，创业者都是隐藏价值的发现者，这是他们成为创业者的根本原因。在物联网技术的支持下，他们比以往任何时候都能更有效地发掘出隐藏的价值。在采纳了逆向思维后，他们正在以前所未有的速度和规模探索各种隐藏的价值。

逆向思维是一种思维过程、一种哲学，它引出了一种新的商业模式，这种商业模式改变了产品、服务以及解决方案等概念的出发点。采用逆向模式的企业往往将消费者的某个特定需求作为它们思考过程的出发点,而采用传统商业模式(关注"我们能向他们销售什么")的企业则从产品线的角度开始思考具体的业务。无论是物联网技术、深度学习、云计算,还是机器人技术,采用逆向模式的企业将利用所有可用的技术,重新构造和想象人们满足自己特定需求的方式。这些企业是由需求驱动的,而不是由产品驱动的。

专注于需求可以使假设型思维成为一种商业策略,这种策略能够让企业摆脱产品线带来的束缚。

需求优先模式

对采纳了逆向模式并且以需求优先作为使命的企业来说,它们关于产品开发的对话更可能以如下方式进行。

"我们的客户最关心的是什么?"

"睡得更好。"

"为什么?"

"因为他们并不能总是拥有良好的睡眠。"

"为什么?"

"因为他们不知道自己实现最佳睡眠的条件。"

"为什么?"

"因为他们没有任何数据,他们总是在猜测。"

"为什么?"

"因为没有人为他们提供获取数据的工具。"

"好吧,如果我们研发一个传感器阵列,专门用来探测用户在睡眠时的活动,然后再利用一个基于云的系统来分析这些数据的模式,并将这些数据发送到客户的手机上,那么客户就可以做出改变并获得更好的体验。你看我们这样做如何?"

"这个想法太棒了。我们马上照做。"

在提出更多类似的问题、进行一些研究和测试,并且对物联网有更深的理解后,这家公司很可能会研发出类似眠商(Sleep IQ)这样的产品。这款产品是由 Sleep Number 床垫公司推出的睡眠追踪系统。眠商使用了一个传感器阵列,用于探测用户在睡眠时的活动,这组传感器会将数据传输到云系统中进行分析。这样,客户就可以每天早上在手机上看到自己的"眠商值"。所谓的"眠商值"涉及目标睡眠时间、实际卧床休息时间、平均心率、平均呼吸频率、睡眠时的人体活动、离床次数等数据。

一双以需求为先的跑鞋会是什么样的？你也许会想让唯我赤足（VIVOBAREFOOT）和Sensoria可穿戴设备公司来为你研发这双新鞋。与大多数由橡胶、泡沫和合成革制作而成的鞋不同的是，这双鞋内置一台微型计算机和很多个传感器。其中，传感器主要用于监测速度、步伐、节奏、GPS定位、脚掌落地的方式、脚停留在地面上的时间、脚与地面撞击的轻重、不对称性以及脚趾的用力程度等因素。这使得穿着这双鞋的人不仅可以跑步，而且可以分析自己的步态，以提高效率并防止在跑步过程中受伤。[3]

需求优先和产品优先的关键差异在于，前者不会再受到产品线的束缚。一家奉行产品优先的床垫公司很可能在刚开始的时候也认为"可以睡得更好"是客户最关心的问题，但是随着讨论的继续，它最终只会将"制造一个更好的床垫"作为问题的答案。而需求优先的思维可以让企业走上一条截然不同的道路，这条路使企业把视线从床垫转向了实际测量客户睡眠质量这一需求。奉行产品优先的床垫公司只想简简单单地制造床垫，但是以需求优先为宗旨的睡眠产品公司会将床垫和传感器阵列放在一起进行销售，因为这两类产品都完全符合公司的使命。

逆向思维的特征

对企业来说，逆向思维有如下 5 个特征。在上述有关床垫公司的案例中，这 5 个特征都非常明显。

- **逆向思维的出发点是满足客户需求或者改善客户体验**

  一家采纳了逆向思维的企业会着手重塑客户满足特定需求或体验周围世界的方式。这将消除与销售单个产品或者产品线有关的限制，并开拓出更贴近客户需求的更多机会。

- **逆向思维的基础在于它传递的价值，而不在于具体的某种产品**

  采纳了逆向思维的企业用它给客户带去的价值而不是某条产品线来定义自己的核心竞争力，它对企业使命的描述更可能是"我们帮助人们睡得更好"而不是"我们生产床垫"。

- **从技术上来说，逆向思维可以说是包罗万象**

  采纳了逆向思维的企业会利用所有可用的技术来满足客户需求，而不会被某条产品线所束缚。如果某种需求刚好处于这家企业核心竞争力的范围之内，那么该企业会使用所有可用的技术或产品来满足这一需求，甚至可能会使用其他公司的产品。

- **逆向思维意味着互联和网络化**

  采纳了逆向思维的企业会利用自己生产的产品，而不是不可靠的产品调研来获得即时的、基于事实的反馈，从而获悉客户的需求在多大程度上得到了满足，或者还有什么需求仍然没有得到满足。另外，企业还可以通过同样的连接方式与客户进行实时互动，这样的互动将成为客户体验中一个不可或缺的部分。

- **逆向思维具有颠覆性**

  为了实现公司的愿景，具有逆向思维的企业会随时采取任何必要的举动，即便这些举动意味着不再关注过去的产品，或者彻底放弃那些产品。如果企业自己无法做到某些事情，那么它会通过合作或收购来完成这些事情。

上述特征有一个共同点，它们都打破了过去产品的限制，并且开始发挥物联网的作用。显然，在提升客户体验方面，物联网的连接性非常重要。物联网使企业能够以前所未有的灵活性来处理客户的需求，并为工程师和设计师提供了充分利用逆向思维范式的全新原则。在接下来的4章中，我们会详细地讨论这些全新的原则。

当基廷和里格尔创立 Scoot Networks 时,他们并没有想创立一家物联网企业。他们当初的愿景很简单,就是让人们在旧金山市内可以享受更便捷的交通。但是,只有在采用了物联网后,这样的愿景才有可能实现。这是一种非常重要的关系:虽然逆向模式不一定明确和物联网有关,但物联网是逆向模式中的一个关键要素。正如我们曾经指出的,物联网是家庭和企业运用逆向模式的一个很重要的切入点。有时候,其表现形式是一台智能设备,而有时候是一部智能手机。实际上,你可以把物联网看作逆向思维的价值传递系统。没有什么能够阻止新的或现有的企业重新思考客户的需求,并尝试采用一种新的方式来满足这些需求,这也是 Nest 推出智能恒温器的动力。但是,让企业的愿景变得更广阔、更具拓展性的依然是技术。在 Nest 的案例中,这项技术就是物联网。

采用需求优先商业模式的企业会寻找各种方式来重塑客户的体验及其与周围世界互动的方式。通常,它们采用的方式会带来更多便利、改善各种选项、节省时间和金钱,或者实现上述所有好处。采用需求优先商业模式的企业并没有通过向客户销售产品,而是通过赋予客户各种能力来为他们创造价值。通过添加新的使用场景,创造之前根本不存在的新市场,并且用技术来颠覆现有的市场和商业模式，逆向思维能够在现有市场中创造具有全新价值的业务。

让我们来看一个颠覆现有市场的典型案例。2016年底，亚马逊全球第一家无人超市开张了，这件事震动了全世界的零售行业。这是一家既没有收银员，也没有结算流程的零售店。顾客可以随意走进商店，拿走他们想要的东西，然后离开。事实上，这家在线零售巨头把这家店的管理系统称作"拿了就走的技术"，这项技术结合了计算机视觉、传感器融合以及深度学习。当顾客从货架上拿走某件商品时，该系统能够自动完成探测，并把这件商品放在一辆虚拟购物车中。等到顾客离开的时候，它能自动将总货款从那位顾客的亚马逊账户中扣除，再给这位顾客寄送一张收据。对传统的零售行业来说，这是一项令人震惊的挑战，因为这不仅仅涉及了监控商品位置的移动，而且涉及了在线下提供客户在亚马逊网站上已经习惯的那种快速、无缝的购物体验。

逆向模式的优势

这样的经营方式为企业带来了一种强大的竞争优势：它降低了在某一特定领域的企业将其影响力扩展到邻近垂直领域的

障碍。通过把一家零售店面变成其在线商店的实体版本，亚马逊这家纯粹的在线零售商能够充分利用它在产品追踪和客户数据挖掘方面的巨大优势。价值在于体验，而不在于产品。在另一个案例中，如果像 Nest 这样的家用恒温器公司想要在物联网时代到来之前，把它们的产品线扩展到另一个垂直领域（比如家庭安保领域），那么它们或许会发现，这样做既成本高昂又非常困难。企业不仅需要设计和生产新的产品，而且需要构建一个全新的营销基础架构。

但是，对 Nest 这样的公司来说，它们的价值就在于让人们控制自己的房子（即使他们没有在自己的房子里面）。因此，虽然这家公司不得不设计一款实体产品来推出 Nest Cam 网络摄像头，但这款产品的价值——通过智能手机对你的房子进行视频监控——是其核心使命的自然延伸。它们不再需要建立新的营销基础架构，因为 Nest 已经打破了家用恒温器和家庭安保系统这两个不同的产品分类之间的传统界限。

优步快递是另一个关于物联网带来的"邻近机遇"的极好的案例。有一家传统的"把一个人从 A 点运送到 B 点"的企业，当它看到其他公司正在"把包裹从 A 点运送到 B 点"时，它本可以很容易且很快地推出类似的服务。但很少有大型出租车公司会考虑进行这样的转变，即便它们拥有数量非常庞大的车队。但是，优步公司能很快地行动起来，并且将其转变为一次绝佳的商业机会。

遵循需求优先的逆向模式，可以使那些采用了物联网技术的企业获得一种强大的优势。这些企业能够轻松、低成本地扩展到邻近的业务领域，从而获得新的收入流并吸引新的客户。采纳逆向思维的企业在日常运营中的很多方面都不同于产品优先的企业。

- **充分利用现有的资产来创造新的价值**

    在过去，推动某个业务的发展往往需要你投入巨资设计并建造崭新的工厂、拓展分销渠道、经营零售网点，然后利用公关手段来说服客户，让他们相信这些新的业务线比已经存在的竞争对手的业务线更有价值。逆向思维通过让企业利用未被开发出来的市场潜力，将原本要对抗市场力量的艰难之旅转变成了让人兴奋的顺风之旅。而实际上，客户早就已经理解并且认为那些未被开发的市场潜力是非常有价值的。物联网提供的灵活性让企业可以很快地引入新产品，并通过开发和部署新的、旨在改变互联设备工作方式的软件来满足企业使命的核心需求。企业不需要花费巨额资金来研发和测试全新的产品；逆向思维和物联网使企业能够将经过验证的、人们熟悉的，甚至极其普通的产品转变为具有竞争力的资产。

- **协作而不是控制**

  拥抱需求优先理念的创业者并没有试图强加他们自己的意愿，而是寻求各种方式去引导市场的力量，在关键之处添加新的价值，并且把创造客户体验的最终控制权交到了客户手上。这使企业不再需要试图限制那些无法限制的东西，而且通过让客户决定有价值的、值得购买的功能和好处是什么，企业赢得了客户的青睐。

- **用数据来驱动解决方案**

  企业可以将逆向思维和物联网结合在一起，收集大量的原始数据，这些数据能够说明客户如何在真实的场景中体验该企业的产品。企业根本不需要猜测它的客户是否对相关的体验感到满意，因为它现在能够实际测量客户在不同的按钮上花了多长时间，或者它可以通过客户对相关体验的具体评价获得更直接的反馈。猜测工作和焦点小组已经让位于确凿的事实了。

- **合作**

  在产品优先的世界里，产品的生产者和客户之间并没有什么真正的关系。两者之间很少或者根本没有信息流动，产品的生产者无法知道他们的解决方案是如何被应用在实际环境中的。正如我们曾经指出的，在这样的情形下，创造一件新产品的过程必然包含大量的猜测工作。而逆向思维，尤其是在物联网的支持下，可以把解决方案的提供者和客户转变为合作者，从而不断地改进产品的功能、实用性，以及客户的体验。

- **全面利用物联网**

物联网及其基础架构，包括传感器、执行器、网络连接、微处理器以及云计算，构成了逆向模式的主干。在逆向模式的世界里，上述的一切正在（直接或间接地）改变着我们看待和利用一些资产的方式，而我们之前认为这些资产只是一些普通的物品。在绝大多数情况下，来福车的司机用来接送乘客的汽车是没有接入互联网的，但是，凭借其移动 App 以及为该公司的交通运输网络提供动力的辅助应用程序和连接，来福车把一辆普通的汽车转变成了互联设备，极大地提高了它的潜在价值。

- **通过解决总体需求来简化惊人的复杂性并消除令人望而生畏的不便**

以需求优先为宗旨的企业会竭尽所能地全面满足客户的需求，并仔细地审视问题的方方面面。而一家传统的产品优先企业将仅仅解决客户在使用产品的过程中与产品本身有关的问题。

共享经济

Zipcar、爱彼迎等先驱企业，以及 Scoot Networks 和 SnapGoods 等较小的创业公司都只是共享经济大家族中的成员。从根本上来说，共享经济彻头彻尾地遵循了逆向模式。一般来说，属于共享经济领域的企业并不一定是纯粹的物联网公司。虽然这些企业会依赖连接来利用那些之前一直隐藏在整个生态系统中的价值，但是它们并不依赖传统物联网公司（比如 Nest 公司）的以任务为中心的互联设备。不过我们认为，这些企业最终还是会把纯粹的物联网应用到它们的商业模式中，即使它们现在还没有这样做。

然而，这样的企业恰恰体现了最纯粹的逆向模式，因为它们会在所有问题似乎都已经被解决的时候提出这样的问题："我们如何改变人们体验周围世界的方式，并且在这个过程中创造一个有利可图的市场？"它们在最开始甚至可能根本不知道哪一个产品优先的行业会被彻底颠覆。

共享经济是逆向模式面临的阻力最小的领域，这就是为什么从住宿、旅游、租车、运输到搬家服务，共享经济的几乎每一个分支中都有如此多的参与者。理论上来说，在一个基本不可见的市场中，你只有很少的（或者根本就没有）竞争对手。在这里，最主要的问题依然是如何找到突破口——那些还没有被开发出来的价值机制往往会被日常生活所掩盖——并利用价值机制。在你找到突破口之后，你会发现，创立一家企业所需要的工具，包括移动App、由私人承包商提供的网络服务、强大的在线品牌，以及像在线地图和支付系统这样的第三方资源，早就已经在那里静候你的到来了。

逆向思维的陷阱

尽管现在共享经济非常受欢迎，但是新生事物会让人感到不适且难以接受。所以，当采纳了逆向思维的企业开始对自己进行重塑时，它们应该预想到自己很有可能面临来自客户的阻力，这些客户需要面对一种彻底的撕裂感，并且需要重建以前熟悉的体验。

这种重塑的成败不仅取决于你的受众群体（比如，年轻的早期接受者和婴儿潮一代），而且取决于物联网工程师正在研究的领域的敏感性。假如你想通过某种技术，让行人和车辆不用再在繁忙的城市十字路口停下来，互相等候通行，那么你肯定需要在公共关系和教育方面进行投入，才能使这项技术得到广泛应用。相比之下，能够通过智能手机进行遥控的家用灌溉系统很可能更容易被人接受。

"把旧的东西变成另一种东西"这种重塑过程很可能还有一种风险：工程师和设计师对物联网非常着迷，这可能会导致他们将其应用在一些并不需要它的经济领域，或者将其应用在一些它不受欢迎的领域。或许"物联网无处不在"是一个很流行的标语，但是在一些经济领域的角落，物联网并不适用——在那里，数据分析可能会显得有些多余，甚至让人感到有些好笑。例如，给心理医疗师配备一张"智能沙发"，这张沙发能够在他给病人进行治疗时实时记录病人的心率、体温以及其他体征。这听起来似乎是一个很不错的主意，但是在这样一个病人的情绪很可能会非常亢奋的环境里，使用这样一件设备真的会给医师带来好处吗？事实上，这样的产品很可能会让医师分心，而且它在情感上对病人也是一种冒犯。

逆向模式的重点应该是满足客户真正的需求、创造有价值的体验，并推动一个新市场的崛起，而不是提出这样一个问题："我们如何把物联网塞入我们现有的业务中？"

老牌企业的逆向转型

因为它们可以有一条更清晰的扩张路径,像优步这样的共享经济巨头往往会在颠覆性高科技业务的世界里占据报纸的头版头条。这在更加成熟的企业中——尤其是那些被认为属于低技术行业的企业——造成了一种偏见,即在绝大多数情况下,互联的世界、物联网以及逆向思维都是为那些灵活的、年轻的创业公司所准备的。但这样的说法与事实相去甚远。

在现实中,正是网络连接、内置众多传感器和执行器的设备、智能数据,以及云计算所表现出的强大能力和灵活性促使传统企业发生了根本的转变,并创造了数以万亿计的新增产值。这使得各种规模的企业开始逐渐接受逆向思维。目前,众多"模拟"行业正在拥抱物联网,以便实现自动化操作,获取可用于提升效率、改善安全的数据。而物联网正在改变一些风向标式行业,比如医疗行业和重工业,并且正在对经济产生重大的影响。事实上,根据麦肯锡公司的预估,到2025年,在医疗领域,采用了物联网技术的服务和应用会创造2 000亿美元到16 000亿美元的新增产值;在市政服务领域,比如交通、电网管理和公共安全领域,会有9 000亿到17 000亿的新增产值;在运营和预测性维护等领域,工厂和制造业会创造12 000

亿到 37 000 亿的新增产值。[4]

在这些经济领域，创业公司确实会有更多机会，但那些老牌企业拥有主场优势。在有了物联网以后，逆向思维可以用不同于创业公司的方式来激活那些老牌企业。如果你负责经营或者为其工作的某一家老牌企业在某种程度上已经获得了成功，那么你一定知道怎么做才能够获得这种成功。你知道如何传递价值、为客户服务、解决问题并创造利润。对老牌企业来说，在这个时代必然面临的一种风险就是不知不觉地滑入被淘汰的深渊。很有可能在某一天，一家极其灵活且雄心勃勃的创业公司怀着不怕失去的心态，用一种可以与互联网连接的、数据极其丰富的解决方案为你的客户提供你根本无法提供的价值；它采取行动的速度是你根本无法比拟的，而物联网本身蕴含的一些"酷"的因素也会在你的伤口上撒盐。

那些想避免这种情况的老牌企业都在积极地拥抱逆向思维，但是这些企业根本没有必要创造一个全新的市场，它们可以把那些我们刚刚描述的资产——那些它们已经做得很好的事情——更直接地聚焦在潜在的客户需求上。在有了物联网以后，它们完全可以以那些早已创造利润并且很受欢迎的产品为基础，添加实时数据和自动化功能，并实现更高的效率、更低的成本，或者更强的便利性。

以受人尊敬的拖拉机制造商约翰迪尔公司（John Deere）为例。自19世纪30年代以来，约翰迪尔公司一直是农业领域中的一个很重要的参与者，但这个领域在传统上并不是一个能够产生大量数据的领域。只有农民会了解生产、灌溉，以及在农作物从种子到成熟的整个过程中涉及的数百个其他变量。而且即便如此，这些数据也是相当粗略的，它们往往基于人类的观察。

现在，约翰迪尔公司正利用物联网在其长期采用的商业模式上堆叠新的价值。这家公司开发了一个叫作JDLink的移动在线平台，从拖拉机到联合收割机，这个平台可以就机器所在的位置、机器正在进行的操作，以及机器的实际状况远程向农民传输相关的实时数据。更野心勃勃的是，这家公司的运营中心还利用联网设备向农民提供天气、土壤条件、作物状况、灌溉等方面的无线信息流。考虑到即便在最好的季节里，农业也是一项不稳定的业务，约翰迪尔公司利用各种技术尽可能地降低了不确定行业里的不确定性，从而帮助农民重塑了他们的部分工作方式，而它自己也因此成了客户眼中最有价值的供应商。[5]

逆向思维甚至能够复兴那些看上去对物联网不是很友好的大型企业。这也是为什么几乎每个垂直领域的成千上万家有远见的企业都在忙于开发它们自己的物联网产品。一些有远见的企业甚至通过帮助其他公司完成这一转型来支撑起自己的业务。

ServiceMax 是一家成立于 2007 年的创业公司，作为一家现场服务管理软件的供应商，它通过帮助制造企业从基于产品的业务模式（制造并销售产品给客户）转型为"作为一种物联网实用工具来进行制造"，促进了自身业务的发展。[6]

例如，一家太阳能面板制造商通过和 ServiceMax 合作，改变了它原来向客户推销面板并提供安装服务的做法。现在，它的客户不需要再花费数万美元购买太阳能阵列，并留出相应的预算用于设备的升级和维护，而是可以与该公司签署一份"电力购买协议"。在这样一种模式下，客户购买的实际上是"作为服务的太阳能"。现在，这家太阳能公司主要负责安装和管理一个云连接的光伏阵列，并且每周 7 天、每天 24 小时不间断地监控发电水平和设备的可靠性。这家公司现在主要通过向原来的客户收取月费来获得营业收入，而月费可以按照客户的实际需求进行调节。这实际上是一种灵活的、基于需求的商业模式，完全可以适应客户和市场的改变。

对 6 个商业基本面的重新审视

当与无所不在的物联网组合在一起时，逆向思维就拥有了改变商业领域中所有事物的潜力，其中就包括我们在上一章讨论过的商业基本面。在结束这一章之前,让我们重新审视一下这些基本面,看看逆向思维如何促使它们开始自身的演化,以及新的基本面是如何出现的。

品牌

在过去的世界里,品牌主要是一种关于体验的承诺。比如,在你拥有了一部 iPhone 后,你会产生某种归属感;或者在乘坐阿联酋航空公司航班的时候,你会期待某种特别的舒适感。现在,随着反馈渠道的开放以及透明化,品牌越来越等同于体验本身,或者说,产品的内在战胜了其外在表现形式。比如,从预订的便捷性到住宿的质量,爱彼迎公司为客户精心筹划的实际体验已经战胜了这家公司给出的"美妙的住宿体验"的承诺。

竞争

虽然企业之间的竞争并没有消失,但是逆向思维和物联网正在模糊企业之间的界限。如果总部位于纽约市的汽车共享企业 Car2Go 通过谷歌地图来追踪它有多少辆车处于未被租用的状态,那么它与谷歌的关系到底是竞争对手、合作伙伴、客户,还是上述所有这些关系的总和呢?逆向思维会引导企业去寻找那些可以用来满足客户需求的技术，当然，前提是这些技术必须是真实存在的。如果其他公司已经拥有了这些技术，那么你最好与这些公司展开合作或者收购它们。在一些经济领域中，竞争很可能会演化为某种合作；而在其他领域，原本处于合作状态的企业或许会发现有必要隔离一些相互依赖的物联网业务。结果是，这些企业会在某些领域开展公开的合作，而在另一些领域进行你死我活的激烈竞争。

创新

在逆向思维时代，创新可能会发生在比以往更高的水平上。原因很简单：当你打破了物理世界的限制，在数字世界中创造解决方案时，这通常意味着一切都有可能发生。在这样的环境里，企业和客户都希望会有真正的创新和突破，他们并不会对除此之外的其他东西感兴趣。这使得创新变得更具挑战性，因为创新的门槛被提高了。但这也意味着工程师、程序员以及设计师可以通过提出假设型问题建立真正的对话，他们可以通过这样的方式获得想要的答案。

市场份额

与竞争层面的情况一样，逆向思维也模糊了原本用来表明市场份额的界限。当几家不同的企业共同合作，为一个复杂的解决方案提供物联网组件和基础设施时——比如，利用智能电网给自动驾驶汽车充电的项目——到底是谁拥有这个市场？是否每个利益相关者都可以声称自己占据了部分市场份额？我们如何将这些市场份额转换为与股东权益和企业增长率类似的衡量指标？逆向思维不仅颠覆了原有的行业和商业模式，它还颠覆了人们过去对商业的一些基本定义。

所有权

同样，模糊的界限和深度的合作挑战了所有权的概念，而那些完全非常规的资产也会让我们重新思考这一概念。比如，在著名的线上工具共享社区 NeighborGoods 中，你如何分清存放在那里的工具的所有权呢？当你根本无法分清这些东西的所有权时，谁该出面修正可能出现的错误、解决发生的问题，并处理可能出现的法律困境呢？在一些职责看似非常清晰的领域中，比如公用事业领域，物联网很可能被用来传递来自工厂和电网的数据流，那么所有这些由数据处理系统提供的、基于云的原始数据和可操作的结论又该属于谁呢？在逆向思维时代，正在更新的不仅是商业思维，知识产权的概念和有关知识产权的法律也将被迫不断地进行演化。

价值

在 6 个商业基本面中，价值在逆向思维世界中发生了最大的改变。在一个万物互联的未来，价值将产生于为客户提供最满意的体验。由于物联网本身的动态特性，每个客户对满意的感觉可能随时发生改变。多功能、融入式的系统能够自主地了解客户需求，并充当企业与客户之间的沟通桥梁，它还可以帮助我们不断适应改变，并拓展新的服务和新的价值点。

在这里，价值已经与产品的形式和特性脱钩，成为客户在当下发现的任何有价值的东西。它越来越多地与这三个词联系在了一起：选择、控制和便利。

描述逆向思维

在面对如此多样、令人茫然的混乱情形时，有一些东西会始终保持不变。营业收入和赢利能力将始终是衡量成功的主要依据，企业增长将继续推动它的估值和股票价格上涨。产品经理、工程师、设计师和创业者将继续合作，去完成一些看似不可能完成的事情。然而，要在这个新时代创造价值，他们需要掌握一些新的概念。

幸运的是，我们已经发现了 4 个基本原则：可互联性、可组合性、可调用性以及无缝融入式集成。所有的利益相关方都可以运用这4个基本原则来开发并构建下一个改变世界的解决方案。在逆向思维时代熟练地掌握这些概念，就像在亨利·福特时代精通冶金学和大规模生产一样，都是至关重要的。物联网时代创造了一种新的词汇，它已经成为探讨、思考业务和技术的全新方式。在下一章，我们将详细介绍这种新词汇的含义和具体用法，并说明在构建基于逆向思维的互联经济时，熟练地掌握这种词汇有多么重要。

第三章
全新的词汇

正如我们前面谈到的,逆向思维是一种范式,它是产品优先模式在向"满足客户需求并最终创造和管理客户体验"的方向演化时所产生的。随着企业向同样的方向演化,它们不再把所有的资源都用于在发货前完善相关的产品,而是将部分资源用于寻找未被满足的需求,评估客户的体验,重新利用现有产品来满足新的需求,以及在那些它们的服务被消费的经济中寻找隐藏的价值。

虽然在逆向模式中,企业的使命会以客户的需求和体验为核心,但是满足各种需求并创造体验仍然需要通过实体产品实现。想要设计一款能够实现逆向模式的产品,人们需要以一种全新的方式来思考这样一个问题:设备、软件和系统应该如何互相作用并与人类进行互动？这并不是简单的"让现有产品拥有物联网功能"的问题，而是关系到人们在设计基于需求、能直接体现逆向思维的产品时，如何使用一种全新的词汇。在这一章中，我们将具体地解释这种词汇。

交通信号灯的演化

　　产品的形态部分取决于工程师和设计师对产品本质的设想。他们的思维模式将决定被制造出来的产品以及被安装在计算机硬盘中的软件程序最终会给客户带来什么样的体验。在某种程度上，这一思维过程是由一些假设来推动的，包括这款产品具体应该做到什么，以及它在这个世界上应该扮演什么样的角色。

　　在产品优先的商业环境中，人们对产品有一些很常见的假设。

- **它们有无法渗透的边界**

　　无论一件产品处于什么样的环境，或者在其附近的其他产品有什么样的功能，又或者你如何使用它来满足一些额外的需求，这件产品的用途和性能都不会发生改变。一张床垫永远只是一张床垫，即使你需要它提供更多功能而且有其他产品可以帮助它满足你的需求。

- **它们是无法改变的**

  一旦某件产品的设计获得批准，其生产规格也被确定下来，那么这件产品就再也无法改变了。新的功能意味着新的版本、新的包装和新的价格。同样的情况甚至适用于软件产品，但是与一台DVD（数字通用光盘）播放器或者一件防水的登山服相比，构成软件的"0"和"1"显然比构成那些实物产品的分子更容易被修改。

- **它们只能完成特定的事**

  咖啡机是用来煮咖啡的，吹风机是用来吹干头发的，而洗手间的毛巾分发器就是专门用来分发毛巾的。

- **它们就是"黑匣子"**

  一般来说，用户以及制造商本身都无法获得能够揭示产品性能、使用模式或者任何其他可用于改善产品或客户体验的数据。

然而，如果工程师和设计师从一开始就采用了一套完全不同的假设，那会发生什么呢？如果企业默认的使命并不是制造出更多的产品，而是开发出能够满足需求的解决方案，并关注如何为客户创造新的体验，那会发生什么呢？这样的假设将如何改变工程师和设计师的工作结果呢？

在回答上面这些问题之前，让我们先来看看那些毫不起眼的交通信号灯。在产品优先模式中，交通信号灯是一种没有和互联网连接的简单装置。通常来说，交通信号灯是由本地开关元件控制的，这些开关元件可以通过读取埋藏在路面下的感应线圈所探测到的交通流量来控制信号灯的颜色，从而指挥司机继续前进、放慢速度，或者停车。

现在，让我们从满足需求的角度来审视一下交通信号灯。在一家采纳了逆向思维的交通信号灯企业里，工程师关注的并不是这款产品本身，而是它能够满足的需求。在这个案例中，交通信号灯代表了一座城市对安全有效的交通管理的需求。从这个角度来看，经过了重新定位的交通信号灯不再仅仅是一种有绿、黄、红这三种颜色的灯，而是一个无线平台。

这个平台配置了相关的硬件和软件，用于收集交通模式、车辆速度、道路拥挤程度、突发事件、路况、道路禁行等相关数据。然后，平台会把这些数据传送到云端进行处理。通过这样的方式，这个平台将持续不断地向其所在的城市提供信息，这些信息可用于预测是否需要维修道路，是否需要派遣应急服务，是否需要根据交通密度提高或降低限速，是否需要切换专用车道的行车方向，等等。当然，信号灯依然会在绿、黄、红这三种颜色之间进行切换。

然而，当我们引入自动驾驶汽车的时候，城市交通系统的开发人员必须创造出另一种全新的东西，这种东西将不再以满足需求为导向，而是会提供一种全新的体验。传统的绿、黄、红三色信号灯将彻底消失，取而代之的将是一个有很多传感器的信号塔，它将控制来自4个方向、在交叉路口汇聚的车流。在交叉路口停车等候通行的场景将不会再出现。信号塔将探测驶来的车辆的应答信号，然后系统会分析来车的速度，判断如何调整该车的速度以避免它和其他车辆发生碰撞。接着，信号塔会向每一辆车上的车载CPU（中央处理器）发出指令，要求它们减慢或加快速度，从而确保来自4个方向的车辆能够安全且毫不停顿地通过路口。在这里，与其说我们是在谈论一个十字路口，不如说我们是在谈论一个交通环岛，它每秒钟汇集TB量级的交通数据，并将这些数据上传到云端以供市政使用。

这不仅是一种对交通信号灯的新构想，也是一种针对商业模式的逆向思维。从产品优先的角度来看，供应商的商业模式是"我们销售的是交通信号灯"。但从逆向思维的角度来看，供应商的商业模式已经转变为"我们销售的是快速、安全的城市交通体验"。谷歌和特斯拉正在开发自动驾驶汽车，而我们这个社会需要认真考虑如何建设"智能高速公路"。早在30年前，加州大学伯克利分校就已经开展了"加州高级交通技术合作伙伴"项目，这个被简称为 PATH 的项目旨在开发出可以改善加州地面交通系统的创意和相关技术。[1]

正在改变的企业使命

从产品到需求再到体验的演化正在将很多不同类别的产品转变为可以互联的、具有物联网功能的设备，其中甚至包括一些毫不起眼的日常生活用品，比如手提行李箱。以 Raden 公司[①]的智能行李箱系列产品为例，这家公司的 CEO 乔希·乌达什金（Josh Udashkin）甚至把这个系列的产品描述为一个平台。这种轻便的随身行李箱不仅可以被当作移动设备的充电器，而且配有移动 App、传感器以及 GPS 网络，这使得行李箱上的显示屏除了可以向用户提供当地的交通和天气信息以外，还可以显示特定机场的安检等待时间和行李箱自身的重量（以帮助旅客节省超重的行李费用），它甚至可以给主人发送"近距提醒"，这项功能在机场拥挤的行李提取区内会让人感到特别方便。[2] 这样的行李箱已经不再是只能用来装衣服的箱子了，而

[①] Raden 创立于 2015 年，专门生产智能行李箱。2017 年 12 月，航空公司宣布禁止配有电池的行李箱登机。2018 年 5 月，这家公司宣布停业。——译者注

是可以处理你在旅行中可能遇到的每一件事情的中枢。

那些办公室书架上、你的口袋里或穿梭于市区的公共汽车的仪表盘下的物联网设备都内置微处理器，所以这些设备将不再受限于某种单一的功能、愿景或者设计师最初的设想。它们可以同时在各种不同的环境下运作。在逆向思维时代，各种规则正在不断地发生改变，边界也不再是不可渗透的了。设计师可以以他们的概念为基础，开发具有多种预期用途的产品；当新的应用场景出现时，其他设计师还可以找到新的方法，利用这些产品原本的功能来达成新的目的。现在，工程师们正在为各种不同的产品建立连接，并且在这些产品售出以后持续追踪它们，以了解这些产品在实际使用场景中的表现，并利用这些信息开发出能够更好地满足客户需求的新服务。人们关注的焦点不再是某个处于孤立状态的物品，而是那些表现出色的平台。我们不再询问"这是什么"，而是开始询问"这东西能做什么"。

然而，想要在这一领域获得成功，简单地把公司使命改为需求优先还不够，你还需要在开发产品的时候放弃过去的做法。正如我们在前面谈到的，产品源于你最初的设想，也源于你用来谈论和思考它们的语言。当你决定把逆向模式当作商业策略和工程模型时，你必然要用一些全新的词语来讨论、设计并部署可以让这个世界互联互通的技术。

当你想要创造新的事物，改变已经存在的东西以适应新的需求，并让客户使用你给他们的东西来满足自己的需求时，这些新的词语是一切的出发点。

4 项新的工程原则

随着我们逐步展开逆向思维这个概念并在书中与大家分享各种故事，我们认为，目前人们在产品优先商业模式中使用的工程词汇对逆向商业模式来说已经完全不够用了。那些想要为以需求和体验为基础的市场创造解决方案的设计师、工程师以及创业者必须学会接受 4 项新的工程原则。

- **可互联性**

  可互联性指的是利用通信协议通过互联网将设备与数据处理平台连接在一起的能力——在物联网时代，这种连接通常是无线的。数据处理平台可以是机载计算机（比如很多家用电器中的微处理器或现代汽车里的车载计算机）、本地数据交换中心（比如家用音响系统或安全产品使用的智能基站），或者远程系统（最为常见的就是云系统）。将设备无线连接到互联网的能力定义了物联网。

- **可组合性**

可组合性能够让客户把多个联网设备的功能组合在一起，从而使组合后的设备具有某种新功能，这种新功能可以被用来满足设计者可能从未想到过的新需求。请注意，客户并没有像艺术家那样就某个特定的主题自由地创造出某种全新的设备，他只不过是将不同的设备组合成一个整体，然后用这个整体来满足自己当下的需求。

- **可调用性**

可调用性指的是一个系统适应超出其最初设计的某个附加功能的能力。一个具有可调用性的解决方案通常有开放的架构、面向外部的 API（应用程序编程接口），以及非特定的功能控制（液晶显示触摸屏、语音控制、摄像头、触觉反馈）。这样的解决方案可以相对容易地适应意料之外的调整，包括所有由第三方提出的调整。

- **无缝融入集成**

无缝融入集成能够让你将各种设备、软件，以及分布式"雾"或"网格"计算能力整合在一起，创造出一个智能的、可以响应环境的、以用户为中心的无缝设备集群。当所有的软硬件协同工作时，这些技术就组成了一个移动的、能够做出响应的融入式个人生态系统。这样一个生态系统可以为客户创造高价值的体验，并且让客户控制他们自己的体验。

物联网的早期创新者在经历了一些幸运的意外后，把这些原则融入了他们的产品。实际上，这些意外是科学和创新在高速碰撞后产生的副产品。在将来，那些成功为客户和企业创造出非凡价值的智能设备会在最早的概念设计阶段就体现出这些原则。

这就是关于逆向模式的词汇的意义：如果我们想要概念化这个采纳了逆向思维的、互联化的世界，并且以此为基础创造某种解决方案，那么我们必须对一些基本的工程原则进行编码。通过这种编码，我们实际上创造了一个看待商业和世界的新视角。现有过时的参考框架实际上限制了我们的创造力和创新性，而我们使用的词汇将改变这些参考框架，使我们不仅能够在同行面前用不同的方式来表达并实现我们的创意，而且能够在客户面前用更简洁的方式来阐释这些创意。这正是那4项逆向模式的工程原则想要达成的目的。

无论是大胆地闯入物联网领域的早期颠覆者，还是目前仍在竞争中挣扎求存的绝望的后来者，如果企业希望在这一演化的进程中不被淘汰，那么它们必须理解并掌握这些原则。现在，让我们仔细地审视每一个原则。

可互联性：物联网与互联网

如果无法接入互联网，或者无法与另一台联网设备连接，那么一支牙刷就只是一支牙刷而已。当一件设备能够通过 Wi-Fi、蜂窝数据、蓝牙或者其他通信协议中的任何一种与互联网或其他设备进行连接时，我们通常称它具有"通信"的能力。

可互联性使物联网的实现成了可能，我们通常采用的做法是将装有传感器和执行器的设备与云端的处理系统进行连接。在并不算是高科技的普通设备上增加可互联性后，这些设备马上就可以成为物联网的一部分。例如，传统的住宅门铃有两个组成部分：按钮和铃。门铃使用有线连接把电流从按钮传输到铃上，这就是它能够做到的一切。这是一种非常简单的设备。

现在，让我们通过家用 Wi-Fi 把按钮和铃连接在一起，将它们变成物联网设备。它们现在不再需要通过电线相互连接；二者都使用电池供电；而且在不损坏墙壁和天花板的情况下，你完全可以很轻松地移动和改造这两件设备。另外，你还可以利用一款简单的移动 App 对这两件设备进行监控和调整。通过可互联性，我们改造了一个原本已经过时的系统，使其对客户和销售人员来说都更灵活、方便和透明。

可互联性使企业可以通过互联网与产品保持连接，从而不断地接收关于产品的使用模式和设备性能的数据流。企业可以从这些数据流中发现客户未被满足的需求。另外，在具体使用他们购买的产品时，可互联性使客户拥有了更大的灵活性，这让我们很自然地过渡到了下一个我们将要讨论的原则，即可组合性。

可组合性：组合是一种艺术

通过设计具有可组合性的设备，工程师使客户对他们自己的体验有了更大的控制权。例如，某位业主很可能会希望他的门铃按钮还可以控制其他部件或系统，比如玄关的顶灯、家用安防摄像头，以及家用对讲系统。为此，他可以去找一家物联网供应商，为他的玄关顶灯添加无线上网和蓝牙功能，并为门铃的按钮增加打开顶灯的功能。接着，他可以把原来的摄像头换成电池供电且具有 Wi-Fi 功能的安防摄像头；同样，他会为门铃的按钮增加启动摄像头的功能。最后，他还可以增加一套无线对讲系统，通过这套系统用自己的智能手机观察并和门外的人通话。每一件设备在云端都会有一个虚拟对应物，而门铃、摄像头、顶灯以及对讲系统都变成了某种形式的服务。另外，每一件设备都配有一个虚拟的软件界面，你可以通过一个基于云的应用程序访问这些设备。这样的一整套系统运行可靠，而且易于维护和升级。

可组合性实际上起到了"授人以渔"的作用，这种特性正在把企业转变为客户的合作者。利用智能手机和移动App，客户会发现越来越多的新方式将各种不同设备的功能组合在一起。这实际上是"体验经济"的最初阶段，这种经济将会在我们讨论无缝融入集成的原则时体现出来。

显然，可组合性可以让企业更快地满足新的需求。企业不需要开发并推出新产品，它们可以利用市场上早已成熟的产品来组合创造出新的解决方案，而这样的解决方案往往已经被客户掌握在手中了。

可调用性：借来的功能

可调用性是指一件设备具有多功能性（配有额外的传感器和执行器、添加了多种通信连接协议、准备了额外的微处理器）以及（或者）对不同应用环境的适应性（配有易于重新编程的 API）。这种设备的功能可以被调用（或者借用）来实现超出其最初设计的效果。

一件设备与物理世界互动的方式越多，调用这件设备来满足新需求的方式也就越多，同样，利用它来调用其周围设备的机会也就越多。一个很好的例子就是智能手机。智能手机通常会安装一些传感器和执行器，包括一个触摸屏、一个运动传感器、GPS 和蜂窝位置传感器、一个摄像头、一个麦克风、几个按钮、一个彩色显示屏、一个扬声器，以及一台触觉振动机。

让我们以美国 iRobot 公司的扫地机器人 Roomba 为例，这是一款广受欢迎的产品。这款产品的最初版本只是一台自动清扫房间的机器，但 iRobot 公司随后很有想法地推出了一个 API，以方便人们为满足其他的需求调用 Roomba。现在，Roomba 已经不仅仅是一台扫地机器人了，它变成了一个能够自主搬运东西的移动平台。在此之后，位于纽约布鲁克林的开放技术与科学公共实验室（Public Laboratory for Open Technology and Science）为 Roomba 安装了一个自动传感器，使其变成了一台移动的空气质量监测仪。

可调用性可以说是这个采纳了逆向思维的、互联互通的世界的核心，因为它使很多普通的设备打破了单一、固定功能的限制，转而适应不同环境中的不同用途，而这些用途很可能是这些设备的设计师从来没有想到过的。它们不再是简单的产品，而是可以调整或扩展的平台，能够提供来自多个供应方（包括竞争公司）的多种解决方案。

可调用性把开发、设计和工程领域中的关键问题从"我们如何制造一款能够完成 A 任务的产品"转变为"我们如何使产品拥有尽可能多的功能且方便使用"。这种转变将成倍地增加一件设备提供给客户的潜在利益，以及它为制造它的企业提供的潜在价值。

与可组合性一样，可调用性也通过快速部署新的产品和服务，使企业能够对新的机会进行资本化。其中的区别是，后者并不是通过对当下产品的现有功能进行组合，而是通过调用现有的硬件（或者与一家第三方公司合作）来执行新的功能、满足新的需求，并创造新的价值。

无缝融入集成：系统之间的无缝合作

通过无缝融入集成，我们达到了一个极其罕见的境界。此时，所有的设备融合成了一个无缝的整体。互联的设备以及使它们智能化的云服务变得如此直观且无所不在，以至于它们改变了我们使用自己语言的方式。

例如，在两年前，如果你一个人站在厨房里，然后突然开口说，"Alexa，马上下单订购一台顾客评价最高的意大利面机器"，那么你的家人很可能会认为你得了妄想症。但是在物联网和 Echo 这种融入式技术的背景下，没人会认为你说的话有问题。在逆向思维时代，我们改变了部分日常使用的词语，也因此改变了我们与周围世界互动的方式。

- 一个人可能会这样表达："我会把我的位置 WhatsApp[①] 给你！"
- 一位绅士很可能会使用汽车的自动泊车功能，因为唯一的停车位实在是太小了，而他又不想在自己的女朋友面前出丑。
- 在辛苦了一天以后，一位女士放松地对着电视机的遥控器说道："请播放一部詹姆斯·邦德的影片。"
- 一位母亲在洗手间里按下了对应 Cottonelle 品牌卫生纸的亚马逊 Dash 按钮，这个 Dash 按钮就在厕纸机的旁边。然后，在一个小时内，一架无人机把她急需的卫生纸送到了她的家里。

---

① WhatsApp 是一款类似微信的即时通信软件。——译者注

无缝融入集成的关键并不在于创造一个能够提供所有这些直观功能的单一系统，而是在于系统之间的无缝合作。无缝融入集成可以让企业超越传统的交付产品或满足客户需求的层次，进入提供、策划和创造体验的领域，从而使原本平庸的东西转变为某种具有远见的、高效的、无摩擦的产品。这也是为什么我们会在这里使用"魔法"这个词：无缝融入集成使逆向模式经济仿佛拥有了魔法。

那么，逆向模式经济会是什么样子的呢？一家位于智能办公楼里的小型企业很可能会为其高管配备谷歌旅行 App 这样的服务类产品，以便他们通过一个专用的 Gmail 账号来记录自己的出差行程。当他们抵达租车公司的柜台或某家酒店的前台时，谷歌旅行 App 会把他们的预订信息、确认号码以及高级会员编号发送给他们。同时，这家公司所在的智能大楼里布满了各种不同的传感器，这些传感器会检测需要进行周期性补充的各种耗材的数量，比如打印机的碳粉，然后自动下单采购。另外，大楼自身还会对环境的变化做出响应。它能够通过探测阳光的角度和强度来判断是否需要展开太阳能供电的百叶窗，以此调节室内的温度并减少能源消耗。

另外，还有可以连接网络的服装。这种服装上的每一件配饰都有可能是云系统中的数据点，它们可以拥有属于自己的独特的数字身份。艾利丹尼森公司是一家全球性的专业生产RFID标识的企业。这家公司旗下的Janela智能产品平台和物联网数据管理公司EVRYTHING组建了一支合作团队，这支团队研发出了一种可以使人完全融入其中的技术。例如，当消费者穿着一件可以与网络连接的衣服，走进一家销售相关产品的精品店时，这件衣服马上就可以识别出自己身上缺失的配饰，并自动向消费者发送个性化的折扣优惠券。想象一下，一件衬衫可以感知你的体温和与你的身体颤抖有关的肌肉收缩，并据此自动调整你车上的温度；或者一双跑鞋可以感知你的步态，然后自动给你的医生或健身教练发送电子邮件。这种非常实用的融入式体验能够提高你的生活品质。

企业可以不仅仅局限于交付某种单一的产品，而是为客户创造更高的价值和各种无缝的体验。这使得企业从专注于销售产品的商业模式过渡到了专注于提供选择权和控制权、节约成本、取悦客户的商业模式。

前所未有的安全和隐私风险

因为安全和隐私并不是物联网或逆向思维所独有的概念，所以它们并不是逆向模式专属词汇的一部分。然而，在物联网和互联经济中，企业将要面对的安全和隐私风险是前所未有的。安全和隐私方面的保障措施是任何系统设计的必要命脉——它们是系统有效性的先决条件和对其应用范围的一种约束。因此，对任何采纳了逆向思维的成功企业来说，安全和隐私与上面讨论的 4 项工程原则一样重要。这也是为什么我们会把这个主题纳入当下的讨论。

一旦你将一件设备添加到网络中，这件设备就有遭到攻击的危险。如果这件设备被攻陷了，那么它又可以被用来发动新的攻击。一个很经典的案例就是针对互联网服务供应商 Dyn 进行的拒绝服务攻击。在那一次攻击中，攻击方利用了与互联网连接的很多设备，比如打印机、安防摄像头甚至婴儿监控器，并最终攻陷了整个欧洲和北美的网站。[3]

确保物联网设备的安全性是一件很复杂的事情，给出适用于所有设备的具体安全规则更是一件非常困难的事情。每一件设备都有其自身对安全问题的考虑，这取决于它是用来干什么的、它是如何与互联网连接的，以及你需要用这件设备来完成什么样的任务。但是，任何有效的安全措施都始于针对安全问题的严谨的论证，所以如下框架结构是很有帮助的。这个框架结构引自国际通用准则（Common Criteria），该准则是计算机安全认证的国际标准。[4]

- **资产**

  资产是其拥有者非常珍视的东西，也是他们希望能够通过足够的安全措施加以保护的东西。在物联网世界里，资产不只是那些有价值的数据，还包括可以被传感器感知并由执行器驱动的物理实体。例如，如果家用安防系统中包括摄像头，那么任何在摄像头监控范围内的物品都是需要获得保护的资产，没有人会允许黑客偷窥自己的家。另外，对一辆自动驾驶汽车来说，这辆汽车可能撞击到的任何物品都将自动成为需要被保护的资产。

- **威胁实施人**

  这是一些有动机、有能力的敌人，他们会滥用或者损毁你的资产。两种不同的威胁实施人或许会有不同的能力。比如，一个躲在地下室里希望成为黑客的青少年所拥有的能力，很可能与专业的政府网络战部门所拥有的能力截然不同。两种不同的威胁实施人也许还会有完全不同的动机。一个想造成明显伤害并承担责任的恐怖分子，与一个想从竞争对手那里窃取商业秘密并不被发现的商业间谍就有着截然不同的动机。并非所有的动机都是恶性的。有一种常见的安全威胁是简单的用户错误，在这样的情形中，操作人的动机是良性的，但一个设计得很糟糕的系统将一次错误的操作转变成了一种威胁。在考虑安全问题的时候，重要的是分辨具体的威胁实施人，并具体考虑他们的动机和能力。

- **威胁**

  威胁是威胁实施人为了利用资产中的原有漏洞而采用的某种特定攻击模式。在物联网中，通信信道就是一个很明显的目标。如果一个威胁实施人可以在未经授权的情况下访问一件设备的 API，那么他就可以随意地使用这件设备中的传感器和执行器，并最终达成滥用或损毁资产的目的。另外，正如针对 Dyn 公司的攻击所表明的那样，计算芯片也是一个目标。攻击者首先攻陷了与网络连接在一起的摄像头和打印机，但是他们并没有拍摄任何视频或者打印任何文件，而是利用这些设备内置的计算芯片去攻击其他的计算机。当然，传感器和执行器也可能是攻击的目标，因为这些设备不仅有可能被威胁实施人直接使用，而且它们的固件漏洞使威胁实施人可以修改它们的行为。

- **应对措施**

  应对措施是指系统设计师用来封锁攻击者进攻路线的一

些步骤。这些应对措施能极大地降低潜在威胁对资产构成的风险。实际采用哪种应对措施取决于具体的场景，而且在大多数情况下，我们需要将不同的应对措施混合在一起进行部署。我们可以大致将应对措施分成4种：身份验证、授权分配、密码验证以及完整性验证。身份验证的意思是确认你就是你所说的那个人，比如你在登录某个网站时需要输入密码进行验证。在物联网的环境中，当设备想要确认正试图通过其API对其进行访问的系统的身份时，它必须要进行身份验证。身份验证也可以逆向进行，以便外部系统确认它正在与之进行通信的是一个合法的设备。授权分配的意思是，在系统确认了你的身份之后，它会决定你可以做什么或看什么，以及你能采取什么样的行动。在物联网的设置中，授权分配过程将决定每一个经过身份验证的用户具体可以执行哪些API操作。密码验证意味着网内的所有通信都将被加密，未经授权的第三方无法侦听某件设备与外部设备之间的通信。完整性验证的目的是确保各种数据不会被篡改。一种典型的做法是采用通过受保护的数据计算出的加密消息认证码。如果数据被篡改了，那么对应的消息认证码也就不再成立了。除了上述这4种不同类型的应对措施以外，设计师还需要注意到，错误的计算机代码可能会在无意间引入某种漏洞。这种类型的软件有很多众所周知的缺陷，所以设计师需要对此有所警觉，并实施最严格的质量保证程序以减少这种情况的发生。

像通用准则这样的框架可以帮助设计师预测安全问题，并在问题出现之前加以防范。但即便是最精心设计的系统，也有可能在将来的某个时刻暴露某种缺陷。设计师应该做好准备，一旦发现了这样的缺陷，他们应该尽快通过固件升级来消除这些安全上的漏洞。当今的物联网设备大多有这样一个缺点：对用户来说，固件升级并不总是容易的。在很多情况下，用户会害怕升级失败导致自己的设备再也无法使用。设计师应该预见到这一点，并尽量让固件的升级更容易、更可靠。（在第五章，我们将看到智能设备的固件升级在智能网阶段会变得多么容易。）

个人可识别信息

隐私问题实际上是安全问题的一个特例。在这个问题中，需要受到保护的资产是个人可识别信息（PII）。你的名字、地址、电话号码、社会保险号码或者纳税人可识别证号码等，都属于个人可识别信息。在物联网的环境中，尤其是涉及家庭中的物联网设备，个人可识别信息还可以包括周围环境中任何可能被认为涉及隐私的信息。所以，任何有可能影响个人可识别信息安全的威胁都会成为涉及隐私的问题。

让物联网变得更具挑战性的是，它会孕育出新型个人可识别信息。放置在家中的摄像头显然是个人可识别信息的一个来源。不过，其他形式的信息也有可能转变为个人可识别信息。比如，想一想汽车挡风玻璃上的ETC（电子不停车收费系统）卡。某人的汽车在某一天通过了某个收费口，这一事实本身并不具有敏感性。但如果你用几个月的时间，把这类数据不断累积起来，那么你就有可能通过分析这些数据推理出这个司机详细的出行模式。此时，这些数据就演变成了个人可识别信息。

当你在物联网领域工作的时候，你需要考虑你正在做的工作是否会制造出被人们和政府定义为个人可识别信息的数据。如果真的如此，那么你就需要仔细思考如何保护这些信息，谁有权限接触这些信息，哪些信息会被储存下来，以及人们会如何利用这些信息。

从一些连接在一起的设备（物联网阶段），到一组由软件控制的、可以互相协作并满足特定需求的设备（智能网阶段），再到提供无缝体验的一系列组件（融合网阶段），这就是一个从制造产品到满足需求，再到精心构建融入式体验的转变过程。这些是我们接下来将要讨论的话题。

第三章 全新的词汇

第二部分
物联网的演化

第二個章

商業銀行貸款

第四章
物联网阶段：打破形式的界限

在第三章，我们详细解说了4个逆向模式的专用词语，它们实际上是4个工程原则，即可互联性、可组合性、可调用性以及无缝融入集成。这些原则可以让工程师和设计师更有效地思考、构想，并制造出符合逆向思维原则、以需求优先为导向的产品。通过在自己制造的产品中融入这些特性（或者在自己获得的产品中寻找这些特性），企业将把自己定位成这样一个角色：它们将以最深入的方式来满足客户需求，并完整地实现逆向模式所带来的潜力。

物联网为企业实现这些特性提供了很多必要的工具，如传感器、执行器、算法逻辑以及通信方式。然而，仅仅把一件设备与互联网连接并不能让它自动获得这些特性，虽然这些特性对以客户需求为导向的产品是必不可少的。在各种炒作的误导下，很多企业界的人士正在用一种非常狭隘的目光看待物联网。这样的目光限制了他们的野心，使他们无法充分利用物联网的潜力来创造体验、招募客户成为合作伙伴，并释放潜在的价值。

在接下来的三章中，我们将解释企业应该如何充分利用物联网技术和逆向思维来设计具有上述 4 项特性的设备和解决方案。具有这 4 项特性的设备和解决方案对于满足客户需求和改善客户体验将是至关重要的。理解物联网不断演化的本质对于成功实施逆向商业模式非常关键，因为这种本质清楚地表明，物联网及其背后的技术比以往任何时候都更有可能使企业满足现有客户的需求，发现未被开发的价值领域并迅速利用它们，在客户的新需求变得迫切之前预测这些需求，在开发新的解决方案时招募客户作为合作伙伴，并且用不久前只有在科幻小说中才能实现的方式构建出满足客户需求的体验。

接下来的故事将被分为三个阶段：物联网阶段、智联网阶段，以及融合网阶段。

传感器、执行器和算法逻辑

在第一部分，我们讨论了人类如何从使用自然界中已存在的物品（在这个阶段，外形决定物品的功能）进化到创造各种设计和制造工艺（在这个阶段，功能决定物品的外形），再到利用数字技术这一前所未有的通用设计方法——尤其是在我们有了微处理器以后——达到了当下人类使用工具的巅峰。然而，物联网开启了人类适应这个物理世界以满足自身需求的新一轮演化过程。

但是首先，让我们看看一件现代的数字设备——比如一台现代的咖啡机——为什么无法直接成为物联网的一部分。组成一台咖啡机的零部件可以被分解成三个大类。

1. 传感器——用于测量物理世界并将测量结果转换为数据的设备。在一台咖啡机里，传感器包括水温传感器、加热板温度传感器、水位传感器，以及用户用来启动和停止烹煮咖啡过程的按钮。
2. 执行器——将数据转化为物理世界变化的设备。这种设备的作用刚好和传感器相反。在一台咖啡机里，执行器包括加热水的加热元件、加热咖啡壶的加热元件、控制水流动的阀门，以及前面板上的指示灯。
3. 算法逻辑——把传感器和执行器用一种特别的方法连接起来，以实现设计师预期目标的数字逻辑。在一台咖啡机里,当"开始"按钮发出一个数字信号以表明这个按钮被按下的时候,内置的算法逻辑就会做出响应。这个算法会首先给水位传感器通电。很快,它就会获得一个读数,并通过这个读数判断是否有足够多的水可用于烹煮咖啡。如果传感器表明已经有足够多的水,那么这个算法就会给水加热元件通电,并持续通过水温传感器接收水温的读数。当水开始沸腾时,这个算法会打开阀门,让水缓慢地流过咖啡。然后,它会维持一个"加热-停止-加热"的循环,以确保水温保持在既不会太热、也不会太冷的状态,直到所有的水都流出阀门。等到这一刻,这个算法就会打开"结束"的指示灯,并关闭水加热元件。此时,这杯咖啡已经准备好帮助睡眼蒙眬的主人清醒过来,为新的一天做好准备。

在数字咖啡机(或者其他类似的设备)刚开始出现在市场上的时候,这种数字运算逻辑是定制的。当时,设计师拥有的只是一些单独的逻辑门,要想让这些设备完成他们的设想,他们就不得不将这些单独的逻辑门组合在一起。但是,在微处理器出现以后,这一切彻底发生了改变。现在,你不用再去考虑那些单独的逻辑门,而是可以在咖啡机里安装一片微处理器芯片，然后编写一段程序来指示微处理器：当"开始"按钮被按下时，它该做什么；当水温上升到烹煮咖啡的理想温度时，它又该做什么；等等。

这表明在设计师能够创造的系统的复杂性方面出现了一次巨大的飞跃。现在，你可以使用软件来管理复杂性，而不是用困难、昂贵的方式来组装逻辑门等硬件组件。例如，你可以设计一个带有键盘和数字显示器的系统（它可以执行多项不同的任务），而不是生产一件只有几个按键的设备。比如，一台微波炉的显示器在不用显示烹饪所需的时间时，还可以显示日常时间。

然而，尽管微处理器为我们提供了一个更简单、更节约成本的方式来管理现有的功能并设计新的功能，但我们最后获得的仍然是一个没有灵活性的系统。产品的功能一般是固定的，例如负责控制咖啡机的软件程序只能执行一系列预先设定的任务，而且你还无法轻易地对其进行调整或升级。事实上，工程师们把这样的程序称为"固件"而不是软件，因为尽管它们在被工程师设计时看起来是"软"的，但在产品被生产出来之前，所有的代码已经被刻入了一块只读存储器，我们根本无法改变它们。即便有些设备的固件是可以升级的，它们依然会被称为固件，因为从用户的角度来看，产品的功能并没有发生改变，所以这些程序和硬件没有什么区别。

到目前为止，我们讨论的这台咖啡机和我们办公室里的那台咖啡机并没有什么不同，它们都不是物联网设备。重要的是，作为数字设备，它们已经具备了物联网的三个关键要素，即传感器、执行器以及算法逻辑。不过，想要把它们变成物联网设备，我们还需要在这些设备上添加另一个要素，即可互联性。

连接网络

自 20 世纪 70 年代后期以来，微处理器一直是常见的家用和办公设备的一部分。互联网已经向公众开放超过 20 年了，但是直到 20 世纪 90 年代中期，大多数人还无法在家中连接互联网。当时的拨号调制解调器以每秒 56KB（千字节）的速度运行。人们家里的计算机通过拨号上网的方式与互联网服务供应商的调制解调器池连接，再连接互联网。当时，这个"家"本身还没有办法与互联网连接。

在 2004 年前后，宽带得到了广泛的应用。[1] 现在，通过数字用户线路（DSL）或者以太网电缆，人们能够在自己的家里与互联网建立连接，并拥有一个合法的 IP（网际互连协议）地址。但是这样的连接必须通过电缆实现，所以将装有微处理器的设备与互联网直接连接仍然是不现实的。然而，有两项发展使得计算机与互联网的连接变得现实且令人满意。首先，人们开始在自己的家里使用 Wi-Fi。其次，互联网供应商开始向客户收取固定的月费，而不是按照客户使用的数据量来收取费用。所以，在家庭 Wi-Fi 网络中添加另一台计算机并不会产生任何额外的成本。用工程师的术语进行描述，这样做的边际成本为零。

10 年以前，如果你对其他人说，"让我们把咖啡机与互联网连接起来吧，因为咖啡机里面有微处理器"，那么人们会这样回答："可以啊，但你为什么想要这样做呢？谁会需要一台与互联网连接的咖啡机呢？没有人会把以太网电缆插在咖啡机上，他们绝不会愿意为此支付额外的宽带费用。而且这样做还会让咖啡机的成本翻倍。"但现在，所有障碍都已经消失了，所以我们当下需要面对的问题是，如果我们把咖啡机与互联网连接起来，那会发生什么？

我们现在已经可以将很多日常用品与互联网连接了，因为除了常见的传感器和执行器之外，这些日常用品实际上都内置计算芯片。大多数人，除非他们是工程师，都不会把这些日常用品看作内置计算芯片的物品，因为它们的固件功能很难将它们与没有计算芯片的物品区分开来。但是如果这些物品没有内置将软件指令转变为动作所需要的传感器和执行器，那么在你添加了微处理器后，即便你把这件物品与互联网连接了起来，这样的做法也不能被看作一次飞跃。在有了移动蜂窝数据网后，工程师不仅能够将各种固定的设备（如咖啡机）与互联网连接起来，而且可以将各种移动的设备与互联网连接起来。这使得设计师可以将各种不同的个人元素添加到物联网中。

实际上，无线通信技术几乎可以适用于任何物联网应用程序和物理环境。Wi-Fi 和蜂窝数据网是实现长距离无线连接的主要方式，而蓝牙这样的通信协议则主要是为使用半径在几英尺[①]之内的设备准备的，你也可以把拥有这种适用范围的网络称为个人局域网（PAN）。但无论是局域网还是广域网，Wi-Fi 和蜂窝数据网将是首选的解决方案。通常来说，蜂窝数据网的成本更高，但它的优点是它几乎无处不在，非常适合那些处于运动状态下的用户；而 Wi-Fi 则需要一个接入点，更适合在家或者在办公室等封闭环境中工作的用户。

互相连接的设备

作为逆向模式的专用词语之一，可互联性的核心实际上是

[①] 1 英尺 = 0.304 8 米。——编者注

当今的通信技术。可互联性使拥有传感器、执行器以及算法逻辑的设备成了物联网的一部分。赋予各种设备可互联性的意义是非常深刻的，而这一步需要分成几个阶段来完成。正如我们在第三章中看到的，企业想要实践逆向思维，就必须具备可互联性。这种特性可以让企业在产品到达客户手中后依然保持与产品的联系。

在我们今天所知道的互联网出现之前，关于可互联性的早期案例已经很多了。在20世纪50年代和60年代的太空竞赛中，那些最早被发射进入轨道的卫星一直与地面任务控制中心保持着无线电连接，人们可以通过地面控制中心对卫星进行远程监控（遥感），并且在必要的时候对卫星的飞行姿态进行调整。这些卫星就拥有物联网设备的4项基本要素，即传感器、执行器（比如制动火箭）、算法逻辑（和今天的微型计算机的能力相比，那时的算法还是非常粗糙的），以及通信功能（对接地面任务控制中心的无线电连接）。

在那个年代，只有极少数设备会拥有上述4项基本要素，但企业与其产品之间的连接开始从政府部门扩展到了商业世界。在大多数情况下，这样的连接主要局限于昂贵的、与任务紧密相关的设备，比如航空发动机或磁共振成像仪。通常来说，这些设备需要的网络连接都是一些特殊的、专用的网络。比如，

1978年，一个被称为ACARS（飞机通信寻址与报告系统）的专用通信网络横空出世了。这个网络可以在飞机处于飞行状态的情况下，使用通过无线电或卫星发送的短消息来监测关键飞机系统的机械状态。

这样的网络连接不仅仅是维护机械和保证飞行安全的工具。2014年3月8日，马来西亚航空公司的370航班消失在空中，调查人员利用飞机通过ACARS网络定期发送的引擎状态报告来推测这架飞机的消失位置。在确认了飞机最后一次通过ACARS发送报告时所处的位置后，当地的工作人员向搜索队员提供了明确的坐标，以引导他们搜寻失踪的飞机。然而，在这起悲剧发生以后，一些批评者提出了这样一个问题：为什么现代飞机需要一个黑匣子？一个将数据储存在云端的"盒子"可以让人们在事故发生后马上获得相关的数据，并能够帮助人们在事后的救援过程中挽救更多生命。[2]

劳斯莱斯的喷气发动机部门以同样的方式使用其"发动机健康管理系统"，这个系统通过发动机内置的传感器和实时卫星传输来追踪在世界各地运行的发动机的状况，并预测可能出现的故障。在发动机健康管理系统的支持下，这家公司在其Trent发动机上安装了多达25个传感器，用来探测振动、温度、速度、压力和流量。这个系统会利用ACARS网络将传感器的数据传输到地面,然后一个全球性的地面网络将会把数据传输到最终目的地,这家公司的专家可以在那里对这些数据进行分析。[3]

所以,将设备与制造它们的企业连接起来这一想法并不新鲜。但直到最近,人们仍需要用专门的设备来实现这一点。不过,随着互联网逐渐渗透了所有的企业和手机,而且 Wi-Fi 和蜂窝数据网络使便宜的无线通信几乎无所不在,我们现在可以把可互联性扩展到日常生活中的各种设备上。这样做的目的并未改变:让企业与其生产的设备保持连接,以确保这些设备能够正常运行并向客户提供价值。

一个很好的例子是家用连续气道正压机。它可以帮助睡眠呼吸暂停综合征患者获得更好的睡眠,并且能够通过增加患者喉部的气压,避免患者在睡眠时出现短暂的呼吸停顿。今天,这种机器都安装了传感器和蜂窝数据链路,以便第三方随时监控机器的使用情况。这种机器会主动记录它使用了多大的气压,以及患者暂时停止呼吸的次数。另外,这种设备每晚使用蜂窝或 Wi-Fi 网络将数据传输到中央监控中心,以便患者的医生随时查看治疗的进展状况。

保险公司也可以用这些数据来促使患者遵守他们的睡眠呼吸暂停综合征治疗方法。如果数据显示患者并没有遵照医嘱,在每 30 天中至少有 27 个晚上使用连续气道正压机,那么承保人就可以打电话给患者并警告他们："如果你不使用那台机器，那么我们将不再赔偿你。"然而，尽管这一阶段为企业和机构提供了大量有用的、可操作的数据（而且这些数据对消费者来说往往也是非常有用的），但是消费者并不能看到这些数据，也没有对他们正在使用的设备的任何额外的控制权。

智能供水网？

城市正在变得越来越智能。交通、停车和供水等公用事业应该在效率和服务这两个方面进行重大改善。由于人口的不断增长、工业用水量的剧增、含水层的枯竭、森林砍伐以及各种形式的浪费，重要的水资源供应面临着越来越大的压力。根据欧洲环境署的数据，城市的水泄漏量可能占到总供水量的 5%~50%。[4]

那么，我们能否创造一个智能供水网呢？最近被赛莱默（Xylem）公司收购的总部位于新加坡的 Visenti 公司已经在这样做了。Visenti 公司是由阿米·普雷斯（Ami Preis）、穆德塞尔·伊克巴尔（Mudasser Iqbal）和迈克尔·艾伦（Michael Allen）这三位麻省理工学院的博士后研究人员共同创立的。这家公司监测高压瞬变的方法原本是地震学家用来寻找地震中心的方法。水的运作原理是一样的：在水被加压后，如果管道出现了泄漏，那么压力的瞬变就会像波一样传递开来。Visenti公司就是利用探测到的压力瞬变对整个供水系统中的泄漏点进行三角定位的。

"Visenti在城市供水系统中的不同部分放置了很多传感器，然后精确地追踪压力瞬变，每秒钟可以读取超过250个数据。"这家公司的联合创始人兼联合管理总监阿米·普雷斯说，"这是一个线性系统，所以确认管道的泄漏位置是一件非常困难的事。我们用云端的数据把这些压力瞬变的位置进行关联，然后判断出需要关闭的阀门的位置，以便隔离正在渗漏的管道。这实际上是一种实时检测管道破损的方法。"

在印度，水决定了数百万农民的命运，一个糟糕的雨季所致的农作物歉收很可能会导致农民自杀。那么，我们能不能把水当作一种资源来进行管理呢？对此，瓦萨实验室（Vassar Labs）给出了肯定的回答。这家公司与印度政府合作，用它自己的传感器和印度政府的传感器来监控水资源的消耗情况。这是一个纯粹的物联网项目，这家公司负责实施远程监控，并使用实时仪表盘从水库放水、控制用于灌溉的运河、显示油轮的水位，或者鼓励在机器和机器之间开展基于需求的水资源共享。在这个过程中，实际用到的传感器包括测量运河水位的接触式雷达或超声波探测器（具体要看运河的水深）。该公司用多普勒雷达来测量运河的流量，并且在河道的分岔口前后安装了不少水位传感器。在封闭管道中，该公司用夹装式超声波流量监测设备来进行测量。所有的数据都将通过蜂窝网络上传，如果当地的蜂窝网络不可用，相关人员就会选择使用短消息。

"想要推断出水流量，所有的数据分析都必须在云端完成。"这家公司的创始人兼CEO普拉萨德·普塔（Prasad Putta）说，"你会发现这是一件很复杂的事。首先，你必须弄清楚农作物获得的水量是否足够。你可以通过比较田间持水量（在田里的水被排干后，土壤所保有的水量）和植物的凋萎点（植物枯萎时土壤中的水量）来实现这一点。对于不同的农作物，这些数据是完全不同的。其

> 次，我们还要测量水分的蒸发量（即有多少水会从植物中流出）。在有了所有数据以后，我们就能够预测农作物收成的好坏，哪些农作物可能出现问题，以及我们应该在哪里进行灌溉。"

与消费者互联

在可互联性的下一个发展阶段，企业和消费者都将拥有监控设备的能力。一个非常早期的案例是所谓的电话答录机（如果你非常年轻，不记得在语音邮箱出现之前的事情，那么请你先忍耐一下）。这种机器实际上是与通信网络连接在一起的录音设备。即便在一个大多数人家里没有通信网络的时代，每家每户依然会有一根电话线。你不需要铺设新的电缆或者购买任何形式的新网络服务。当你不在家的时候，你可以拨打你自己家的电话，然后输入一串密码来获取别人给你的留言。因为这种设备可以播放盒式录音带，所以它有一台执行器。

今天，Wi-Fi 和蜂窝数据网络已经无所不在而且非常便宜，你完全可以把家里的任何设备与网络进行连接，哪怕通信并不是这些设备的主要功能——这实际上是一个非常重要的认知飞跃。例如，你可以远程遥控家里的报警系统。如果你在出门的时候忘记启动家里的报警系统，那么你可以通过网络浏览器或智能手机上的 App 远程启动这个系统。ADT 等传统安保公司事实上已经错过了这样的市场机会，而 SimpliSafe 等创业公司则纷纷闯进了这个领域。SimpliSafe 为其客户提供无线的、多组件的解决方案，这种方案的功能已经远远超出了对家庭入侵的基本监控。这家公司提供的顶级服务套餐包括能够检测管道泄漏和潜在管道冻结风险的设备，以及探测烟雾和一氧化碳的传感器，这使得这家公司能够处理传统家庭安保范围以外的需求。在采用了逆向思维后，SimpliSafe 将其商业模式从销售传统的家庭安保项目转向了销售安全和安心。[5]

Nest 推出的具有自我学习能力的恒温器是展示远程监控潜力的一个范例。只要把这件设备与家里的 Wi-Fi 网络连接在一起，你就可以在度假结束、开车回家的路上远程打开房间的供暖或空调系统。冬天的时候，你还可以在工作的间隙查看家中的供暖是否正常，以防家里的管道冻结。这个例子很好地说明了企业如何把内置传感器、执行器以及微处理器的设备与互联网连接，从而将自己的商业模式转变为逆向商业模式。

除了使客户能够远程监控家里的温度，Nest 还充分利用了与其产品直接通信的好处。通过远程监控那些已经销售出去的恒温器，这家公司能够判断其产品是否正在以客户期望的方式运作。如果 Nest 恒温器识别到，出于某些原因，家中的温度是 60 华氏度（约为 15.6 摄氏度），但它被预设的温度是 68 华氏度（20 摄氏度），那么它就会自动调节温度或者通知客户，指出他的家庭供暖系统可能出现了故障。通过这种方式，这家公司可以确保其恒温器运作正常，还能具体了解消费者对其家庭环境的偏好，并用一种传统的恒温器生产商做不到的方式来帮助消费者。

特斯拉也支持远程的软件升级和维护。对特斯拉来说，这种能力或许阻止了一次潜在的、灾难性的召回事件。这家公司在其 Model S 车型上安装了自动驾驶辅助系统。在 2016 年，一位驾驶这款汽车的司机遭遇了一次致命的车祸。当时，司机以为这个系统是全自动的，所以他松开了方向盘。通过发布经过升级的软件，特斯拉满足了美国国家公路交通安全管理局（National Highway Traffic Safety Administration）的调查人员的需求：如果驾驶员在自动驾驶状态下把手从方向盘上移开，那么系统就会发出警报；如果驾驶员没有在 15 秒钟之内抓住方向盘，那么汽车就会熄火。[6]

正如我们将在第五章看到的，Nest 和特斯拉这两家公司都已经远远超越了简单的可互联性。

与企业互联

消费者并不是唯一的可互联性的受益者。物联网还使企业、医院、大学以及其他实体机构从互联设备独特的能力中获得了好处。当各种设备连接在一起时，它们能够收集并实时分析数据。一个例子就是对资源的监测，在部署了物联网以后，整个系统能够持续不断地追踪电力和水资源的使用，并随时获取有关建筑物、校园或者市政设施状况的数据。通过实行全天候的对资源消耗和异常状况的监控，企业节约了资源，提高了效率，避免了设备停机的情况，并且降低了成本。

目前，物联网的使用率很高，"智能建筑"可以说是受益最大的例子之一。建筑物是一个很复杂的生态系统，其中包括供暖、通风以及空调系统，而这些系统是由冷却器、锅炉、管道、通风口和空气调节器组成的。另外，与一栋建筑物配套的还有电梯、停车场、电力系统、供水系统、安保系统、安全设备以及其他的设施。但不幸的是，建筑物的能源系统效率通常不高。在美国，建筑物产生的二氧化碳是二氧化碳排放总量的38%，而它消耗的能源占总能源产出的70%以上。在建筑物里，供暖和制冷功能经常同时运作，这导致能源的利用效率变得极低。更糟的是，一个部件迟早会发生损坏，但是供暖、通风以及空调系统并不能识别哪些部件出现了问题。所以，这些系统会继续在低于最佳容量和效率的状况下工作，这造成了资源浪费，并且增加了建筑物供暖和制冷的成本。

具有讽刺意味的是，绝大多数通风口、风扇、叶片和泵的控制装置都装有传感器，但建筑物的运营人员从未想到要使用这些传感器。KGS 建筑公司由麻省理工学院创立，这家公司使用自己开发的 Clockworks 系统从这些传感器中收集有关的数据，再利用这些数据生成建筑物内的各个系统的内部视图，包括警报、故障以及运行状况检查。这家公司的联合创始人尼古拉斯·盖耶斯基（Nicholas Gayeski）说："我们在超过 1 000 栋不同的建筑中收集了这些数据，其中包括多所医院和大学的 10 000 多台锅炉、冷却器、空气调节器和水泵。"Clockworks 会在云端完成所有的工作，所以它处理数据的能力实际上是不受限制的。这能够让更多的建筑物实现可持续发展：在有了这些数据后，建筑物可以拥有更高的效率，节约成本并减少能源损耗（这一点对可持续性非常重要，对那些使用替代能源的建筑物来说更是如此），而且可以为用户提供更稳定的舒适感。

当然，物联网的应用并不局限于商业建筑，你的家也可以变得智能化。普通的住宅会有很多通风口,但通常只有一个恒温器,所以也只有一个固定的加热区。你也许并不想降低或提高整栋房子的温度,比如你只想为楼上的房间供暖,但你无法做到。Ecovent是一家成立于2012年的创业公司,它提出了这样一个问题:在只有一个恒温器的前提下,我们是否有可能在普通的住宅里创造局部的加热或冷却区?这就是我们所说的"细粒度调控"。

Ecovent的系统使用了一个经过改装的智能通风口,这个通风口被叠加安装在了原来的加热通风口上,通过打开或关闭智能通风口,Ecovent的系统能够创造一个类似汽车里的那种个性化气温控制微区。这个系统还在各种壁挂式设备中安装了压力和温度传感器,以及能够调节通风口处的扇叶的执行器,以进一步调整加热和制冷的效果。这家公司现在每天可以获得大约4 000万个传感器读数,它的目标是提供使人感觉更舒适的解决方案——在普通的住宅环境中创造一个可以加热或制冷的局部区域。

这就是我们所说的"引入技术"(insertology),即在一个陈旧的系统中引入物联网,使其达到"准互联"的状态。事实上,大多数建筑物都是在各种设备的价格下降之前设计的。不过,虽然很多建筑物的供暖、通风以及空调系统还停留在四五十年前的模式中，但你仍然可以在这样的环境中引入物联网和无线通信技术，创造出一个可以让这些陈旧的系统智能化的解决方案。

然而，虽然上述案例展示了物联网能够带来的极其重要的实际利益，但是对工业物联网和消费物联网的真正能力保持某种健康的怀疑态度仍然是至关重要的，戴夫·麦克劳克兰（Dave McLauchlan）这样告诫我们。戴夫是物联网资源监控公司 Buddy 的 CEO 兼创始人，这家公司的总部位于西雅图和澳大利亚的阿德莱德。虽然戴夫极其热衷于物联网的实际应用，但他对关于物联网的各种铺天盖地的炒作十分谨慎，这对那些正在考虑进入互联世界的企业来说是有参考价值的，因为这些企业往往会更关注形式而不是实质，这无疑会产生巨大的风险。戴夫对物联网炒作有如下观点。

站在我的角度来说，物联网被炒作得有点儿过头了。我认为，这已经产生了一些后果。影响最大的后果是，每个人都想冲进这个领域，每个人都正在他们自己的企业中引进物联网。但是到目前为止，还没有人获得相应的投资回报。很多人不顾一切地加入这个领域，因为这似乎是当下最流行的做法。在这样做之前，他们并没有首先审视一下他们想要解决的问题。我想，我们会把重心从帮助企业引入与物联网相关的技术转向帮助它们在具体的场景中应用物联网技术。虽然前者是各种炒作希望我们做的，但后者能够为各种实际问题提供最好的解决方案。

组合各种设备

那些处于领先地位的物联网公司目前正在利用可互联性的关键功能——远程监控——向企业和消费者提供各种价值。企业实行的远程监控遵循了逆向思维范式，因为这种功能可以让企业了解自己是否满足了市场的需求，或者能否在一些场景中更好地满足这些需求。为用户提供可互联性也遵循了逆向思维范式，因为这种方式为用户提供了满足自己需求的新方法。

如果一个消费者想确保他的家在任何时候都是安全的，那么在他家车库大门附近安装一个可以用来启动安防系统的控制面板，就可以满足他的这种需求。但是，如果他在忘记操作控制面板时，能够通过智能手机启动家里的警报系统，那么他的需求就被更好地满足了。所以，可互联性在两个方面遵循了逆向思维范式。首先，它让企业通过各种方式去了解（而不是猜测）自己的产品在多大程度上满足了市场的需求。其次，向用户提供可互联性可以扩展满足他们需求的方式，因为可互联性使消费者能够在使用现有产品的前提下，发明新的方法来满足自己的需求。

至此，我们将要开始探究逆向模式的第二个专属词语：可组合性。接下来，我们不仅会把各种设备与计算机连接起来，而且会把这些设备连接起来，从而赋予这些设备完成新任务的能力。

让我们再回顾一下前面谈到的咖啡机。咖啡机就是用来烹煮咖啡的机器。为咖啡机添加通信功能后，你就可以远程控制这台咖啡机。但是这里的关键并不在于让人们远程烹制咖啡，而是在于让另一台设备远程遥控这台咖啡机。例如，假设你想让咖啡机在你醒来的 20 分钟后准备好咖啡。如果你每天都在相同的时间醒来，那么你可以利用咖啡机上的定时器，把时间设定在闹钟时间的 20 分钟之后。但是如果你每天在不同的时间醒来，那么你真正要做的是为闹钟设定时间，并让闹钟通知咖啡机煮咖啡的时间，或者让你的智能手机或可穿戴设备通知咖啡机煮咖啡的时间。

把两件设备这样连接在一起，比单独的任何一件设备都更有价值。你拥有的不再是一个闹钟和一台咖啡机，而是一个可以"让你在早上变得清醒的系统"，这个系统不仅能让你准时起床，而且能够确保在你跟跟跄跄地走下楼梯的时候，有一杯刚煮好的咖啡正在那里等候着你。如果你还想更进一步，那么你完全可以组合你自己的"互联设备阵列"。这样，当你走下楼梯的时候，你的音响会开始播放波士顿的 Reveille 摇滚乐队的歌曲；微波炉会开始加热你昨天晚上放在里面的燕麦粥；你的汽车会在咖啡烹煮完毕的 20 分钟后自动启动，这样你在进入车内时就会感到温暖舒适。

当设备可以互相通信时，可组合性就自然而然地出现了，这种特性使用户可以把多种设备的功能用不同的方式组合在一起，然后再以一种全新的、截然不同的方式来满足各种需求。这就是逆向模式的一个很重要的特征，它为企业帮助客户满足其需求开辟了一条新的路径。在过去，一家公司会首先在内部确认如何将传感器、执行器、算法逻辑以及通信功能组合成一个新的解决方案，然后将其快速投入市场来满足客户需求。现在，可组合性使企业可以通过组合现有产品来更快地交付新的解决方案，并且使客户可以在没有企业直接干预的情况下自行组合各种现有产品来满足自己的需求。

以电灯开关这种最普通（有时也最让人头痛）的东西为例。传统的电灯开关是通过墙壁中的电线与灯泡相连的，这种开关通过连通或切断电路来打开或关闭电灯。这种方式很有效，但

逆向思维

是要改变灯泡或开关的位置则很困难、很费时，而且成本高昂。房子的主人将不得不在墙上打洞、切断电源、断开电线，然后再重新接上电线、拆除并重新安装灯泡的底座。在整个过程中，他还要尽力避免让自己受到电击。如果你正在运营一家灯光照明设计公司，那么你也许会得出这样的结论：最聪明的商业模式应该是让客户依赖于你快速、安全地移动或安装硬接线的灯和开关的能力。

但是，如果你采用逆向思维的范式来指导日常的运营，那么你就会明白，通过让客户创造自己的照明解决方案，你可以为他们提供更多的价值，并赢得更多客户的喜爱。你需要把开关和电灯改造成两件独立的设备，然后用 Wi-Fi 把它们连接起来。这样，客户就可以通过重新放置两个可移动的墙上灯架，甚至是用双面胶布来改变房间里的照明布局。另外，你可以在系统中添加用于探测光照强度的传感器，以便用户能够通过一个移动 App 来设置房间里的灯，让它在外界的天色变暗后自动打开。在这款 App 中，你的客户还可以设置在不同的时间打开或关闭不同的灯，或者改变一些 LED（发光二极管）灯的颜色。如果你想更进一步，那么你甚至可以在系统中加入另一个传感器，它可以读取灯泡的累计工作时长，并在其寿命即将结束的时候提醒你。飞利浦的个人无线智能照明系统 Philips

Hue 在采用了飞利浦的 LED 灯后，已经实现了这些功能。

客户现在有了几乎无数种组合方式来创造他们想要的解决方案，但他们仍然会认为，是你的产品和公司使这一切成为可能，只有你的公司才能满足他们的需求、赋予他们控制权，并且创造某种独特的价值。这个案例实际上是对逆向商业模式的一种很好的诠释。

三条基本的架构原则

通过可互联性和可组合性，通信功能增强了数字设备中的传感器、执行器以及算法逻辑的潜力。为了充分实现其效益，设计师需要牢记以下三条基本架构原则，我们将对这三条原则进行仔细的探讨。

合理使用中介

可互联性有一个影响最深远的好处，它给我们带来了可组合性，即通过连接设备创造出新的功能，以此来满足新需求的能力。然而，想要做到这一点，最好的架构并不是让所有设备进行直接的通信，而是在它们之间安排一个智能化的中介。

让我们再来回顾一下咖啡机这个案例。我们看到可组合性如何创造了一个"让你在早上变得清醒的系统"。在这个系统中，咖啡机、闹钟、音响、微波炉以及汽车被组合在了一起，以帮助你开启新的一天。那么，你该如何建立这些设备之间的连接呢？

你最初的想法很可能是让闹钟直接与咖啡机进行通信连接。想要做到这一点，你需要进入闹钟的设置菜单，然后输入咖啡机的网络地址。如果你还想让它帮你打开音响，那么你就需要在闹钟的设置菜单中输入音响的网络地址。但如果你希望在你走下楼梯，手里捧着一杯刚煮好的咖啡时，音响会很自然地自动关闭，那么你该如何做呢？或许你需要对咖啡机进行编程，让它与音响直接通信。所有这样的连接都可以被称为M2M（机器与机器），因为每一件设备都在和另一件设备直接通信。问题在于，这样的连接分散在整个房子里，如果你想知道音响为什么没有按照预设的程序做出响应，并且想确认所有能够控制它的设备，那么你也许不得不查看房间里每一件设备上的设置菜单。

使用中介是一种更好的操作方式。你需要把每一件设备都设置为与云端通信，然后通过一个在云端运行的程序在设备之间转发信息。这种架构有时候被称为"星形拓扑"，因为如果你将这样一个网络画成图，那么你会看到它的形状是星形的，处在中心位置的是居于云端的中介程序，而所有的设备都位于从中心向外辐射的辐条上。这种架构似乎是违反直觉的，但实际生活中有很多我们熟悉的例子。如果两个人在同一个房间里互相发送短信，短信的内容并不会从一部手机直接传输到另一部手机上。相关的数据包会先从发送者的手机上传到运营商的基站里，然后传到一个短消息服务中心，接着被分配到另一个运营商的基站，最后才会被传送到接收人的手机上。在这个例子中，运营商的基站就是两部手机之间的中介。

在将来，亚马逊的 Echo 或微软的 Xbox 等设备很有可能成为其他设备之间的"声控中介"，它们可以让用户通过一个直观的界面来协调家里或办公室内很多不同区域的活动。

使用中介会有很多好处。第一，设置设备的复杂性被降低了。你只需要把每一件设备设定为与云端通信。一旦你完成了这一步，设备之间的连接就可以通过在云端运行的中介程序来实现。在整个过程中，你根本不需要触碰任何设备，而且你可以在任何地方改变相关的配置。

第二，所有涉及设备连接的配置都被集中在了同一个地方。如果你想确认所有能够打开或关闭音响的设备，那么你可以立刻得到一个设备清单。你只要点击一下鼠标，就可以完整地保存或恢复所有的配置。相比之下，M2M 架构是一种非常脆弱的解决方案，因为每件设备都需要配置它所连接的所有设备的网络地址。如果你的闹钟与咖啡机和Sonos家庭音响系统直接连接在一起，那么你如果想改变这些设备的设置，就必须找到每一件设备并改变它们的配置，否则你就无法获得你想要的功能。

第三，这种设备-互联网-设备的架构可以让你为每一件设备连接不同类型的网络。墙上的恒温器也许可以通过Wi-Fi进行连接，但你口袋里的智能手机使用的肯定是蜂窝数据网络，而其他的设备或许可以使用蓝牙。即便恒温器没有蓝牙功能，它依然可以和蓝牙设备进行通信，因为整个通信过程将通过中介程序进行中转。对通信通道的选择主要基于不同通道与不同设备的匹配程度。

另外，M2M架构本身就有安全风险。因为每件设备都和其他设备有直接连接，所以可能出现漏洞的点就很多，没有什么简单的方法可以监控这些风险点。

一个包含中介的架构甚至可以在没有云系统的情况下存在。例如，1988年，宝马公司在其生产的7系列汽车中引入了电子节气门控制系统，这个系统也被称为线控驾驶系统。它的特点就是采用了一个包含中介的架构，它是宝马公司第一批采用这种架构的系统之一。在引入了线控驾驶系统后，油门踏板和蝶形节流阀之间的机械连接被一组传感器和执行器所取代；传感器主要用于确认油门踏板的位置，而执行器则用于控制燃油流量和发动机性能。连接油门踏板和发动机的就是一台作为中介的车载电脑。

线控驾驶系统通过车载电脑对发动机性能、燃油流量、空气流量以及燃油经济性进行了优化，同时，它减少了可能发生故障或出现磨损的移动部件的数量。此外，车载电脑还能捕捉车主或者维修人员可能用于识别、诊断以及修复故障的数据。

在系统中引入中介，可以让设计师平衡可组合性的好处与现实世界对成本和性能的限制。云端的中介使设备可以在任何地方进行组合，而且人们可以在任何地方对组合后的配置进行调整。如果你在本地组合设备，并且担心设备在组合后的稳定性或响应时间，那么本地控制器也可以作为一种中介。（对宝马公司而言，把连接油门踏板和发动机的中介部署在云端绝不是什么好主意。）

即便在单个设备内，你也可以采用包含中介的架构将不同的传感器和执行器与计算设备连接在一起。当我们在第五章具体讨论可调用性时，这一点就显得尤为重要了。

逆向思维

选择合适的网络

一个包含中介的架构能够带来的另一个好处是，它可以让设计师自由地选择与任务匹配的通信网络。针对"应该选择哪个网络"的问题，通常没有唯一的答案。例如，一件物联网设备也许可以通过蓝牙与某件中介设备连接，同时，这件中介设备还可以利用 Wi-Fi 通过广域网连接到云端。然而，你应该知道，有许多种网络连接技术，每一种都有自己理想的使用环境。在前面的章节中，我们对 Wi-Fi、蜂窝数据网络以及蓝牙进行了简短的讨论，我们会在这里对这些方式进行更深入的探讨。

- **蜂窝数据网络**

  手机与互联网的连接是通过蜂窝数据网络实现的。按照网络的数据传输能力，蜂窝数据网络又可以分为 3G、4G、5G（第三代、第四代、第五代移动通信技术）。这种利用蜂窝数据网络与互联网连接的能力也可以嵌入其他的电子设备。蜂窝数据是一种广域网技术，这意味着一件设备可以在世界上任何有蜂窝塔的地方连接互联网，这种联网方式尤其适用于移动设备。当一件设备从一个基站的服务区移动到另一个基站的服务区时，用户通常是不需要重新设置自己的移动设备的,这是因为蜂窝数据网络在设计的时候就已经考虑到了这种无缝切换。另外,蜂窝数据网络也是在室外联网的理想选择,因为其他形式的无线联网方式(比如 Wi-Fi)通常很难在室外实现。不过,蜂窝数据网络在数据成本、硬件成本以及蜂窝塔的电费方面往往会更加昂贵。

- **以太网和 Wi-Fi**

在室内,最常见的无线连接形式是以太网,它又被称为局域网,因为它通常是在一个特定的区域里运行的,比如在家里或办公室里。以太网有两种形式,一种是有线的,另一种是无线的,而后者就是我们所说的 Wi-Fi。有线的以太网可以支持目前最大的数据传输速率,并且稳定性最高,但是想要实现这一点,设备必须通过电缆与该网络连接。Wi-Fi 是无线的,所以最适合那些并不需要经常移动的便携设备,但它并不适用于那些在通信过程中需要远距离移动的设备。

- **蓝牙**

蓝牙可以将一件设备直接连接到附近的设备上。最常见的情况是,蓝牙可以将一件智能设备(比如手机)与其附近的其他非智能设备(比如一口平底锅)连接起来。

如果你只需要在近距离内进行操作，而不需要在远距离继续保持连接，那么蓝牙是一个理想的选择。例如，如果你的手机通过蓝牙与你的汽车音响系统连接在了一起，那么当你离开汽车的时候，你不会想要继续保持这种连接。因为如果这种连接没有断开，那么在车里的任何人都能听到你的通话内容。蓝牙仍然适用于"设备-互联网-设备"这个架构，因为这个架构中的设备之一通常是一件智能设备（比如手机）。

- **ZigBee**

蓝牙能够支持一段较长时间的近距离连接，但ZigBee实现了瞬时的近距离连接。例如，你可以在一辆冷藏卡车里安装一个温度传感器，它能够记录卡车在行驶过程中的温度变化。当卡车抵达终点时，检查人员会拿着一件手持设备靠近温度传感器，以便将这段时间的读数从传感器传输到手持设备上，再从手持设备传输到云端。温度传感器与手持设备的连接可能只需要维持几秒钟。对于这一类应用，ZigBee将是最理想的选择。

当然，还有其他种类的无线和连接协议，它们的功能远远超越了上述4种连接方式。我们将仔细地探讨这些协议。

其他的网络连接框架

我们已经探讨了 Wi-Fi、蜂窝数据网络、蓝牙和 ZigBee。还有更多的无线通信协议并不是那么知名，但它们对设计师和工程师来说同样重要。我们将要讨论的第一个是 IEEE 802.15.4，这是 IEEE（电气与电子工程师协会）的标准，也是 ZigBee 的基础。

一种常见的期望是，某种标准会成为最优选择，全世界都将遵循这一标准。但我们对此并不赞同。当涉及物联网设备时，我们要考虑三个不同的维度，即距离、带宽以及耗电量。每一种无线标准的优势维度各不相同。例如，Wi-Fi 覆盖中距离且拥有高带宽，但它的能耗相对较高，所以它最适合网络摄像头这样的设备。LPWAN（低功耗广域网络）覆盖距离远且功耗很低，但它的带宽很窄，所以它适合那些依赖电池供电、使用时间较长的设备。每种标准都占据了一个重要的细分市场，所以云架构并没有试图统一所有的标准，而是包容了所有的标准，并且统一了所有标准的安全问题。

接下来,我们将对所有标准进行一个简短的概述。

IEEE 802.15.4

这是一个由 IEEE 管理的低级无线个人局域网标准,用于物联网设备之间的通信。这个标准也是 ZigBee 和 6LowPAN 的基础。与 802.11 标准(Wi-Fi 的基础)相比,它的数据传输速率和能耗更低;与 802.15.1 标准(蓝牙的基础)相比,它更适合多设备之间的通信。

6LowPAN

这是在低功耗个人局域网上运行的互联网协议的第 6 版(IPv6)。顾名思义,它是为轻量级无线网络上的 IP 流量而设计的,包括了"多跳网络"(mesh network)。这个标准运行在 802.15.4 以及其他通信协议之上。

LPWAN

LPWAN 是一组窄带蜂窝技术,它可以在数千米的范围内通过物联网设备实现广域覆盖。它适用于非常小的数据包和极低功耗的设备,它可以让设备与网关或基站进行远距离通信。在这个技术领域里,具体的参与者包括 LoRa 联盟、Ingenu 公司以及 SigFox 公司。作为一个致力于长期发展的标准组织，第三代合作伙伴计划（3rd Generation Partnership Project）正在研究一些基于蜂窝数据网络的解决方案，但到目前为止，他们还没有得到最终的解决方案。

ISO 18000 6C

被称为 EPC Gen2 的第二代电子产品代码，既是 RFID 的一种标准，也是 GS1（国际物品编码组织）和国际标准组织的标准。它是超低功耗和超短距离传感器普遍采用的通信协议。这种传感器除了能够发送产品标识之外，还能够测量温度等参数。虽然没有人把它当作一种传输协议来使用，但对传感器和零售货架上的显示器这样的执行器来说，它确实能够扮演传输协议的角色。

无论是无线连接还是有线连接，还有一些协议和框架可以用于进行双向的信息传递。我们将介绍其中一些重要的方法。

CoAP

CoAP（受限应用协议）是一种互联网工程特别工

作组的标准，用于机器间通信的应用层。CoAP 类似于 HTTP（超文本传输协议），但是对于嵌入式设备，这种协议更为轻量。它使用了类似 UDP（用户数据报协议）的传输协议和一个（不同于 HTTP）的简单指令集，并且使用了代表性状态传输通信。CoAP 主要运行在 IPv6 上。尽管它也可以运行在 IPv4 上，但我们并不推荐这样做。CoAP 中的设备可以直接进行通信，而不用像 MQTT（消息队列遥测传输）那样通过中介进行通信。

MQTT

MQTT 的名字源于消息队列，也是一种机器间通信的协议，但这种通信主要采用的还是 TCP（传输控制协议）。当然，你也可以使用 UDP，但它并不是一种理想的选择。这种协议以发布或订阅模式通过中介传递消息。MQTT 既可以使用 IPv4，也可以使用 IPv6。TCP 比 CoAP 使用的可确认的 UDP 方式更重，但 MQTT 拥有很强的用户基础。

万维物联网（Web of Things）

万维物联网类似于 CoAP，但它完全基于万维网的想法：代表性状态传输和 HTTP、网页接口、Java 脚本对象表示法（JSON）以及语义万维网。CoAP 主要适用于那些受到很大限制的设备。随着各种设备的计算能力不断提升，CoAP 的妥协（比如 UDP 和其他协议）或许就没有必要了。万维物联网的标准、框架以及工具已经逐渐成熟，大众也对其有了更深入的理解。

Thread 联盟

Thread 联盟以 6LowPAN 为基础，并且得到了谷歌和 ARM 等行业巨头的支持，这个联盟目前势头强劲。与 ZigBee 展开竞争的组织似乎正在形成联盟。Thread 协议、6LowPAN 和 ZigBee 都使用 802.15.4，这是一个充满希望的趋势。另外，由于 Thread 协议依赖于 IPv6，所以它也可以跨 Wi-Fi 和蓝牙运作。

开放互联基金会与 IoTivity 项目

开放互联基金会的前身是开放互联联盟（Open Interconnect），或者简称为 OIC，它是另一个采用了不同架构的联盟。以 CoAP 为基础，IoTivity 的"全栈"（full stack）框架也有一个可使用 MQTT 的插件。这个项目的成员包括戴尔公司、英特尔公司、三星公司以及爱特梅尔公司。

对没有技术背景的读者来说，上述介绍就像是希腊文。然而，每一种网络协议在物联网和逆向思维的环境中都有潜在的用途。例如，LPWAN 就是一种把数千个传感器连接在一起的强大技术。以我们在商业楼的洗手间里常见的自动纸巾机为例。目前，大楼内的物业管理人员负责为这些自动纸巾机补充纸巾，他们必须定时检查每一台纸巾机的纸巾存量。这种做法效率低、耗时长，而且会浪费纸巾。如果我们在这些纸巾机上安装能感知纸巾存量的传感器，那会怎么样呢？如果建筑内或校园里的所有纸巾机都能够通过 LPWAN 向某个服务器报告它们的纸巾存量，那会怎么样呢？

这样的方式将实现按需、高效的纸巾补充，大楼内的物业管理人员只需要前往缺少纸巾的洗手间进行补充。另外，纸巾的供应商还可以与大楼的物业管理公司签署新的补货协议，根据人们使用纸巾的次数（而不是按照购买产品的数量）进行收费。这使一种全新的商业模式成了可能，在这种模式中，纸巾的供应商将不再收取纸巾的费用，而是根据每栋大楼内的办公人数，收取每人每月一美元的费用。此时，原本的产品已经被"逆向"成了一个能够更好地服务于用户需求的解决方案。这就是有关网络连接协议用途的一个案例，而绝大多数没有技术背景的普通人并不熟悉这样的连接协议。

第四章 物联网阶段：打破形式的界限

定义一个合适的 API

一件设备在网络中的存在方式是由其 API 定义的，API 实际上是该设备向外部开放的操作通道和数据通道。这使得 API 的设计变得极其重要。无论是远程访问一件设备，还是将这件设备与其他设备进行组合，该设备的 API 将决定你能够做些什么。

在物联网阶段，一件设备执行的只是设计师原先设想的某个特定任务，这会直接反映在其 API 的设计上。在很多情况下，API 和设备的控制按钮之间存在着一一对应的关系。我们仍然以咖啡机为例，其 API 的设计就包括开始烹煮的指令（与启动按钮对应）、停止烹煮的指令（同上）、提醒更换滤网的指令（与指示灯对应），以及提示烹煮完成的指令（与另外的指示灯对应）。

想要在物联网阶段设计一种合适的 API，一种很好的方法是考虑所有可用的功能，然后创建一种可以与每个功能对应的 API 方案。这是为了让一个对远程遥控设备（或者把该设备与其他设备组合在一起）感兴趣的用户可以（利用 API）通过触碰设备来完成任何事情，而这就意味着你需要考虑所有的可能性。

满足新的需求

虽然我们在第三章仔细探讨了人们对安全和隐私问题的担忧，但物联网潜在的好处远远超过了它的缺点。通过各种创新的方式，我们现在可以将一些早就存在的产品组合在一起，从而创造出一种新的产品，并用其来满足新的需求。这开创了一个具有各种可能性的全新领域。企业可以通过新的方式来连接现有的产品——而不是引入新的产品——让自己进入一个新的领域，从而满足新的需求。消费者也可以尝试连接不同的产品，从而把自己从企业愿景的被动体验者转变为产品设计过程中的积极合作伙伴。逆向模式的原则也成了消费者的工具。无论有没有意识到这一点，他们实际上已经成了设计师，因为他们现在可以通过灵活性和可组合性来满足自身的需求。

然而，虽然物联网令人兴奋，但我们绝不能沦为"技术推动"的牺牲品，这是一种在工程诞生之初就已经存在的现象。工程师会发现，他们能够做出一些全新的东西，然后他们会将这些看起来很酷的产品推向市场，但这些新产品事实上没有任何意义。在有了物联网以后，每个人似乎都在盲目地将互联网叠加到各种产品上，但他们并不知道这样做的意义所在。

逆向思维的范式定义了一个明确的商业目的，任何物联网解决方案都可以此为依据进行相关性的测试。仅仅把一件设备与互联网进行连接是不够的，这件设备必须能够促使客户的需求与企业基于需求的使命融合在一起。远程监控可以让设备制造商更清晰地了解客户的需求，以及这些需求被满足的程度，从而帮助企业采用全新的方式来满足这些需求。允许客户远程访问设备能够使客户寻找新的方式来满足自己的需求，他们甚至可以通过用新的方式连接设备来创造出新的解决方案。

物联网不仅仅通过可互联性和可组合性来满足客户需求。虽然这两者的组合很强大，但未来还会有更多的组合。在利用智能中介把旧的产品组合在一起后，物联网使客户能够远程访问设备，并且自己创造新的东西。而被安置于孤立和封闭环境中的设备将仍局限于执行其设计者设想的任务。这是因为无论这些设备内置的计算芯片有多么强大，这些芯片仍然只能运行一个固定的程序，它们依然深陷于固件的泥沼之中。

当我们打破了由固件构成的坚固壁垒，并将设备内置的计算芯片看作一台可以运行各种软件的成熟的计算机时，物联网发展的下一个阶段也就到来了。我们把这个阶段称为智能网阶段。

第五章
智能网阶段：打破功能的局限

1990年，日本电报电话公司推出了一款新的手机。它只有人的手掌大小，而且其重量只有半磅①。这款手机能够维持的连续通话时间长达45分钟，无论从其尺寸、重量还是电池寿命来看，这款手机都堪称一个里程碑。然而，这款手机依然非常像你在家里使用的固定线路电话，只不过它的体积更小一些。在那时，手机的设计还无法摆脱传统电话机的外形的束缚：它必须要有一个用于拨号的数字键盘，还要为你的耳朵和嘴巴留出位置。从手机的外观上看，没有任何迹象显示它内置了计算芯片。事实上，手机是由其内置的固件控制的。就像我们在前面讨论的咖啡

---

① 1磅≈453.592 4克。——编辑注

机一样,手机被设计用来完成一件事,那就是打电话。

随着时间的推移,一些手机设计师发现,手机还能完成一些其他的事情。他们在手机上添加了短消息功能。最开始的时候,人们使用的还是那10个用于拨号的按键,这样的体验实际上是很糟糕的,但后来那些频繁使用短消息功能的用户可以买到配有微型QWERTY键盘的手机。随着诺基亚7110手机及其无线应用协议浏览器的发布,设计师们在手机上添加了非常有限的网页浏览功能,但是很多公司限制了这一功能,它们希望自己有一天能够成为手机网页内容的管理员。2000年,夏普公司在日本首次推出了照相手机,从那个时候起,手机可以用来拍照了。[1] 但人们每次在手机上添加类似的功能,都只是给手机增加了一些亮点而已。手机依然只能完成设计师想要它做的事情,即便现在这份手机功能的清单比以前更长了。哪怕黑莓手机凭借其QWERTY键盘和独特的移动电子邮件功能获得了巨大的成功,它在本质上依然只是一部手机。

接着在2007年,苹果公司大张旗鼓地推出了iPhone,并遭到了诸多质疑。这一点丝毫不会让人感到奇怪,毕竟iPhone彻底重塑了我们对电话的认知。iPhone和其他电话能够完成的事情是一样的,包括打电话、收发短消息、拍照,但它完成这些事情的方式是具有革命性的。苹果并没有把这些功能植入

iPhone 的固件，而是把 iPhone 的微处理器当作一台成熟的计算机，可以运行任意数量的软件应用程序。突然间，手机不再局限于完成一部手机应该做的事情，它可以完成任何一个软件设计师能够想象出来的任何事情。

iPhone 给用户的印象是，它具有可以完成数百万件不同事情的潜力。用户只需要简单地下载一款 App，这部手机就马上拥有了一种全新的功能。与之前所有的手机不同的是，iPhone 的功能并没有在其被推向市场、其用户手册被印刷好的那一天被完全确认下来。在市场上，你每天都可以看到很多不同的 App，这些 App 可以用于完成各种任务，其中有些任务是非常荒谬的，但有些任务很可能是非常重要、实用的。你可以用这部手机来叫出租车，也可以把它当作用来摆正挂在墙上的照片的水平仪，或者把它当作手电筒、虚拟现实的头戴式显示屏或任何软件开发人员能够想象出来的东西。

万能的计算机

iPhone 和台式计算机都有一个关键的特征：它们的功能是不受限制的。[2] 计算机受到的唯一限制就是运行用户下载的各种应用软件的能力。只要写出相应的代码，你就能实现任何你能想象到的计算机能够完成的事情。这令很多人沉迷其中，你甚至不需要成为一个软件工程师，就能体验这种感觉。这个阶段的一个决定性特征是，非工程技术人员也可以体会到计算机所拥有的无限可能性。如果有一天，他们的计算机可以播放电影、音乐，或者打国际视频电话，那么我想，没有人会对此感到惊讶。因为我们掌握了软件所蕴含的力量，所以我们知道，我们今天购买的计算机完全有能力完成明天的任务，即便我们根本不知道明天会有什么样的任务在等待着我们。

  iPhone 和随之而来的智能手机用同样的方式改变了手机。智能手机在本质上是一台运行软件的电脑，而不是一部类似电话的设备，这种设备只能通过运行固件来执行一些设计师预先植入的功能。软件扩展了台式机或笔记本电脑的功能，并以同样的方式对手机的功能进行了无限的扩展。现在，你每天可以看到数千款新的智能手机 App 出现在市场上，所以你的手机能够完成的事情也会越来越多。现在，任何一部普通的手机都能够为你指出抵达目的地的最快路线，告诉你哪些商业航班正在飞行，在你把红酒的标签拍摄下来之后为你提供关于这种酒的评论以及品尝记录，或者帮助你把多余的钱投入股票市场。而任何手机用户对所有这些应用都不会再感到惊讶。

  在前一章，我们把物联网和逆向思维联系在了一起。早期的物联网设备使企业可以用创新的方式来满足客户的需求，但是这些设备受到了固件的限制，这意味着它们在本质上是不具有灵活性的。一旦这类设备上市，它们未来的用途就会受到无法运行软件的限制。如果设计师或工程师产生了新的、可以为客户带来更多利益和价值的设想，那么他们或许可以通过更新固件来提升现有的功能，但是他们几乎无法让原有的产品实现新的功能。

在这一章，我们已经超越了物联网的可互联性，进入了智能网的领域。在这一新的领域，设备的功能不再受限于其外形和设计，而是有很强的灵活性、适应性，以及可调用性。在逆向模式中，企业在这个阶段不仅能够快速、低成本地主动发布、测试并修改新的解决方案，而且可以让客户作为合作伙伴共同参与，为这些解决方案寻找新的用途。

具有可调用性的设备

智能网的一个主要决定性特征是所谓的可调用性。正如我们在第三章中看到的，可调用性是逆向模式的专用词语之一。在这里，可调用性指的是软件对某一设备（比如 iPhone）中的某些硬件组件进行调用的能力，这些硬件组件包括该设备的传感器、执行器、计算芯片或者联网元件。软件可以通过调用这些硬件组件来实现设计师没有赋予该设备的一些新功能。这样的特性使采纳了逆向模式的企业可以对客户的新需求做出快速反应，利用软件直接调用现有产品中的硬件，而不是重新设计并制造新的产品来满足这些需求。从用户的角度来看，具有可调用性的设备总是能做到一些新的事情。事实上，智能网阶段的一个标志就是，我们不会再对 iPhone 等设备能够做到的新的事情感到惊讶了。

台式计算机和智能手机是现在最常见的拥有可调用性的设备。除此之外，我们还有如下一些例子。

- **亚马逊智能音箱 Echo**

    我们在前面提到过 Alexa，它是亚马逊推出的家庭语音控制助手，用户可以通过语音控制 Alexa 进行网上购物，提出各种服务性要求（比如汇报当下的交通状况），以及控制家中的联网设备（亚马逊将这种语音指令控制视作一项"技能"）。2016 年 11 月，亚马逊为 Echo 推出了专用的 App 商店：Alexa 技能市场（Alexa Skills Marketplace）。目前，这个 App 商店已经拥有了成千上万款可供用户挑选的 App，这些 App 通过一种机器学习的隐式过程为Echo添加了新的功能。通过点击"启用"并将App下载到他们的Echo智能音箱上,用户可以让Alexa为他们的孩子朗读个性化的睡前故事,让智能床垫内置的传感器监控他们的睡眠状况,在出现紧急状况的时候给他们的朋友、家人或护理人员发送短消息、电子邮件甚至打电话,或者提供更多其他的服务内容。Alexa技能市场通过让用户调用Echo的云连接和处理能力来满足他们不断增加的需求,无论这些需求是异想天开的还是至关重要的。

- **Nest 学习型恒温器**

我们在前面已经描述了Nest恒温器,并且把它当作一个展示物联网遥感和远程控制能力的例子。然而,这家公司的Works with Nest(与Nest合作)协议使任何一件Nest设备——不仅仅是恒温器,还包括Nest Protect烟雾报警器或Nest Cam家用安防摄像头——都可以无缝地与家中其他的联网设备进行连接,并控制它们。例如,当一个拥有Nest恒温器的用户在他的家用无线网络里添加了智能照明灯具时,Nest恒温器会自动探测到这个新的设备。利用为照明灯开发的App,用户可以把智能照明灯与Nest恒温器进行连接。如果他在离家的时候忘了关灯，那么 Nest 恒温器会调用它的传感器来确认家中没有人，再调用一个执行器来关闭照明灯。越来越多的物联网设备带有"Works with Nest"的标志，这表明这家公司正在主动地拥抱逆向思维范式。换句话说，Nest 将不再销售温控设备，而是销售舒适、安全以及便利等概念。

- **特斯拉汽车公司**

在过去，如果一个消费者想要在汽车里添加一个新功能，他需要面对的是一个非常耗时、极其昂贵，而且常常会让人感到沮丧的安装新硬件的过程。而且他的车在完工前还无法使用。特斯拉彻底颠覆了这一范式。利用软件更新，特斯拉不仅实现了对原有功能的升级，而且在原来的汽车上添加了新的功能。这种定期的软件更新不仅可以修正车辆的自动转向功能，而且可以让车主将驾驶员的详细信息与特定的电子钥匙链进行捆绑，这种电子钥匙链能够调用车辆的传感器来识别车辆的驾驶员，然后利用执行器来自动调节驾驶员的座椅以及方向盘位置。其他利用可调用性来实现新功能的软件程序包括：（1）低转速设置，当驾驶员的脚离开刹车踏板的时候，这一功能可以模仿汽油动力汽车，让电动发动机以非常缓慢的速度向前驱动汽车；（2）交通感知巡航控制系统,它调用了车辆内置的雷达、摄像头以及超声波传感器,通过感知周围的交通状况来加速或减速;(3)特斯拉在2013年发布的软件更新,这次更新调用了部分车辆的主动空气悬架系统,以调整悬架设置参数,这使得相关车辆在高速行驶时获得了更高的通过性。

在《连线》杂志上,作家亚历克斯·布里斯伯恩(Alex Brisbourne)完美地总结了特斯拉的做法,他认为这是智能网阶段的一个范例:"在几乎所有的场景里,物联网的主要任务——这也是物联网出现的原因——是去除日常生活中那些不会给我们带来任何附加值的活动。在特斯拉的案例中,它的角色是非常清晰的。特斯拉的车主完全可以在车辆'对自己进行修复'的同时忙他们自己的事情,他们不用再安排一次令人厌烦的、计划外的行程,跑去经销商那里维修或保养车辆了。"[3]

可调用性的三个关键架构性因素

可调用性意味着一件设备将不再受限于其最初设计的功能。任何人都可以利用软件,使一件设备的硬件去执行某种新的功能、满足新的需求,而这些新的功能和需求或许是其设计师之前从来没有想到过的。正因为上述这些特征，可调用性已经成为逆向思维范式中非常重要的一环。随着智能网变得越来越普遍，以及越来越多的企业开始转向逆向商业模式，为了让设备具有可调用性，设计师必须了解在设计过程中可能涉及的架构性因素。

　　首先，处于核心位置的计算机必须有足够强大的能力来运行新的程序。它必须拥有足够快的处理速度、很大的内存以及大容量的非易失性存储器来永久存储各种应用程序和它们的数据。例如，iPhone 7 Plus 采用的 2.3 GHz（千兆赫兹）的多核 A10 处理器比 iPhone 最初采用的处理器快 120 倍，而且这款 iPhone 拥有 3GB（吉字节）内存以及最高可达 256GB 的非易失性存储器，这样的配置已经可以和一台低端的台式电脑相媲美了。把这样的计算能力融入一台手持设备，表现出了一种完全不同于采用固件设备的物联网时期的心态。人们在采用固件设备的时期主要关注的是如何通过使用满足任务所需的最低端的处理器和最少的内存来降低设备的成本。但是，设计师并不知道会有哪些程序运行在一款具备可调用性的设备上，而对处理器和内存的选择将最终限制这款设备的最大潜力。想要在一个合理的成本范围内实现可调用性，设计师需要采用尽可能强大的处理器和尽可能大的内存，而不是尽可能地压低成本。

其次，相关的设备必须能够承载新的程序，这就意味着还存在另外两个要素。

- 一种可以使开发人员创造程序，并且使用户获得程序的方法。
- 一种让用户发现并实际使用这些程序的方法。

对一件可以被调用的产品来说，与可调用性有关的设计和产品自身的内部设计同样重要。苹果公司的研发人员在制造iPhone的时候很清楚这一点。在这一领域，他们做出了两项关键性的创新。首先，他们创造了App商店，这使得寻找、购买、下载以及安装一款App的过程变得极其容易，甚至比在一台个人计算机上安装一款新的App容易得多（现在仍然如此）。因为手机屏幕大小的限制，苹果公司没有使用在个人计算机上常见的软件安装向导，而是努力使整个安装过程变得更加便捷。不过，从可调用性的角度来看，苹果公司这样的做法是极其巧妙的，因为下载和安装新软件的便捷性极大地鼓励了用户，使他们不断尝试使用自己的设备来完成新任务。

与此同时，苹果还为App的开发人员创造了一个新的商业模式，在这个商业模式中，任何开发人员都可以很容易地把他们开发的 App 展示给整个世界，并赚取他们应得的利润。这对个人计算机的软件世界而言可以说是一个重大的转变，毕竟在这之前的数年时间里，发布新软件需要你创建一个安装程序，把程序存储在用于分销的媒介上（比如光盘或者你自己的下载网站中），然后进行广告宣传，并在不可避免的问题出现时提供必要的客户支持。在这样的模式中，如果你想通过这款软件赚钱，那么你就必须建立一个完整的销售和支付的基本渠道。

但是在有了 App 商店以后，开发人员只需要在网上轻轻地点击一下，就可以立刻把他们刚刚开发出来的 App 呈现在世界上所有的 iPhone 用户面前。如果开发人员想通过软件赚钱，那么他完全可以自己定价，苹果公司将从每一次下载所获得的营业收入中给他一笔相当慷慨的分成。苹果公司用这样的模式激励了数百万名软件工程师来为 iPhone 创造新的内容。每当一款新的 App 问世，用户就可以调用 iPhone 的硬件来完成新的、惊人的事情。对用户来说，此时的 iPhone 变得更加有用了，而那些收费的 App 在这个过程中为苹果公司带来了新的收入。

这展示了可调用性是如何从多个不同的方向来提升价值的。每一款新的 App 都会通过调用 iPhone 的硬件来实现一个新的目的，以此来满足开发人员竭力想要满足的客户需求，从而为 iPhone 的用户创造更多的价值。与此同时，为了利用 App 使

iPhone 具有更强的可调用性，苹果公司创造了一个充满激励因素的生态系统，这使得新的 App 不断涌现，并为 App 的开发人员带来了更大的价值。

苹果公司的 App 商店和亚马逊公司的 Alexa 技能市场是为公众提供可调用性的解决方案。但在其他的案例中，可调用性可能更加隐蔽。例如，特斯拉的 Model S 车型就具备可调用性，因为特斯拉公司可以简单地通过远程下载软件来调用车辆的硬件，使车辆执行新的任务。用户很可能在一觉醒来后发现，由于他们在前一天晚上下载了新的软件，他们的车现在已经具备了新的功能。然而，与苹果相比，特斯拉采用了一种更受控制的可调用性形式，因为只有特斯拉能够基于安全的、经过政府认证的明显且合理的理由，开发新的 App。

最后，设计师还需要使硬件通用化，以构建产品的可调用性。任何一件物联网设备都是由传感器、执行器、计算芯片以及通信组件组成的。正如我们在前面谈到的，想要支持可调用性，我们必须首先提升计算芯片的能力。同样，我们可以通过提升传感器、执行器以及通信组件的能力来增强设备的可调用性。就在 10 年前，这种做法的成本还是很高的，因为这些组件都非常昂贵；但在今天，即便你添加大量的传感器、执行器以及通信组件，它们的成本依然是非常低的。表 5-1 展示了一些设计师可以考虑添加的组件。

表 5-1 设计师可以考虑添加的组件

传感器	✧ 加速感应器（检测设备的运动状态和速度）
	✧ 定向仪（测量设备在罗盘上的方向以及用户手持设备的方式）
	✧ 定位器，包括 GPS、蜂窝三角定位器，以及各种室内定位方法（如 Wi-Fi 三角定位、信标等）
	✧ 图像传感器（照相机）
	✧ 麦克风
	✧ 触摸传感器
	✧ 按钮和开关
	✧ 温度计或湿度计
	✧ 电池电量计
	✧ 雷达
	✧ 激光雷达
	✧ RFID
执行器	✧ 扬声器或耳机
	✧ 触觉反馈（控制振动，可以创造触感错觉）
	✧ 开关
	✧ 加热元件
	✧ 灯光以及其他具有固定用途的显示器
	✧ 屏幕（包括触摸屏）
通信组件	✧ Wi-Fi
	✧ 蜂窝数据网络（3G、4G，以及即将到来的 5G）
	✧ 蓝牙
	✧ ZigBee
	✧ 6LowPAN
	✧ LPWAN

想要实现可调用性，关键是以合理的成本投入尽可能多的传感器、执行器以及通信组件，因为设计师无法预知这些设备会因为什么样的目的而被调用。一个例子是 Sky View 这款 iPhone 的 App，这款 App 调用了 iPhone 的定向传感器来计算你的手机指向的是天空的哪一部分，然后在天空上叠加关于天体的星图以及相关的信息（例如行星或恒星的名字）。值得怀疑的是，在一个极具创造性的软件工程师发现这个传感器的潜力之前，该传感器的设计师能否预料到它会在这样一种情况下被调用。

另外，随着可调用性的普及，人们会在产品中使用更多通用型传感器和执行器。例如，iPhone 上的按钮和指示灯就比被它取代的普通手机少很多，但它能执行更多的功能，这显然是因为触摸屏带来了更高的灵活性。一个通用的设计原则是，如果你能在不使设备变得过于笨重或昂贵的前提下添加硬件组件，那么你就照着自己的想法去做吧。Nest 恒温器的设计师在这款产品的早期版本中加入了一个 802.15.4 收发器（也就是我们现在所说的 ZigBee）以及专用的 Weave 连接协议，虽然他们当时根本不知道这些东西会在什么样的情形下被派上用场。没过多久，这家公司又推出了 Protect 烟雾和一氧化碳检测器。此时，上述的通信组件使得这两件设备能够在不使用家庭无线网络的情况下相互对话。

所以当你持有疑问的时候，还是先大胆地添加硬件吧。

强大的 API

在上一章，我们明确了 API 是物联网最基础的技术之一，因为只有通过 API，外部用户才能够轻松地调用一件设备的内部功能。对一件具备可调用性的设备来说，API 的设计是非常关键的。不过现在，API 不仅公开了用于外部集成的功能，而且公开了设备本身直接承载的应用的功能。

例如，为 iPhone 和安卓 App 提供的内部 API 就是丰富且强大的工具。物联网设备的 API 可能会公开一些表达设备原定用途的高级操作，而具有可调用性的设备的 API 会公开其内置的每一个传感器、执行器以及通信组件。实现该设备最初设计目的的逻辑并不是固件，而是一个 App，这个 App 使用的 API 和其他开发人员将要使用的 API 是相同的。这就使得设备中的每一个组件，从加速度感应器到开关，都可以被访问并被调用，以实现新的功能。

例如，假设我们探讨过的咖啡机被重塑成了一件智能网阶段的可调用设备，那么和我们在第四章讨论的物联网咖啡机一样，它同样会拥有传感器（温度传感器和水位传感器）、执行器（加热元件和阀门）以及通信组件。但是现在，这台咖啡机不再仅仅拥有没有灵活性的固件，而是拥有了一块强大的内置计算芯片，可以运载各种不同的程序。烹煮咖啡的逻辑程序之前是被存储在固件中的，而它现在只是这台咖啡机能够运载的众多 App 之一。就像智能手机的通话 App 一样，用于烹煮咖啡的 App 一般也是生产商在咖啡机出厂前就预装在里面的，但它在本质上也只是一款 App 而已。

现在，让我们设想一下，有一些咖啡爱好者发现他们喜欢的某种特殊风味的咖啡只有在另一个不同的温度下烹煮，才能有最好的口味；或者他们想让一半的水在达到某个温度时流过咖啡，而剩下一半的水在达到另一个不同的温度时流过咖啡。想要实现这些完全没有问题，制造咖啡机的公司只需要开发一个新的 App，然后再用不同的逻辑来控制温度传感器和加热元件就可以了。如果某个咖啡爱好者本人就是一个软件工程师，那么他完全可以自己编写这个新的 App。

虽然这台被重新设计出来的咖啡机非常灵活，但如果设计师在设计之初就考虑到了可调用性，并在原本的温度传感器和加热元件的基础上添加了更多强大的传感器和执行器，那么这台咖啡机的灵活程度就会更加让人吃惊。如果这台咖啡机内置了一个运动传感器，那么当传感器检测到这台咖啡机被不小心打翻时，一款更新后的咖啡烹煮 App 就能立刻关闭这台咖啡机；如果生产商在咖啡机里添加了一个扬声器，那么当烹煮完成的时候，这台咖啡机就可以大声地喊出"咖啡已经准备好了"；如果生产商还为它添加了蓝牙连接功能，那么这台咖啡机就能够接收到正在用户的 iPhone 上运行的潘多拉音乐 App 的信号，并在厨房中播放晨曲。

如果这台咖啡机不是只有一个简单的启动按钮，而是配有一块触摸屏，那么它就能显示不同种类的咖啡的图片，但更能体现可调用性的是，程序员现在可以创造各种不同的 App 来改造这款简单的家电产品。也许他创造的 App 能够使这台咖啡机记录自己已经烹煮的咖啡量，或在屏幕上用图表展示你的咖啡因摄入量是如何随着时间而发生变化的；或许他会用另一款 App 使咖啡机记录家庭中的每个成员最喜欢的咖啡烹煮方式；或许还有一款 App 可以通过互联网下载并在咖啡机的屏幕上显示天气预报，以便你在倒咖啡的时候瞄一眼当天的气温；或许他会设计一款可以和你的血压手环交流的 App，这样你的咖啡机就能主动为你降低晨间咖啡的咖啡因含量；或者他可以让你的咖啡机为你自动订购咖啡、烹煮茶饮或准备热巧克力……这个清单是无穷无尽的，就像你的智能手机能做到的那样。

三种不同类型的可调用性

API 的能力表明了一个事实：可调用性有三种类型。第一种类型是最显而易见的，即所谓的"设计师调用"。某一件设备的设计师以及生产和销售它的企业创造了这件设备的硬件——这些硬件可以被调用来实现新的功能——以及向后续的软件程序开放这些硬件的 API。通常，在这件设备被销售出去并投入使用以后，这家企业还可以继续推出软件，以便用户采用新的方式来使用这些硬件，Nest 在恒温器中安装无线收发器就是这样一个例子。

第二种类型的可调用性是所谓的"第三方调用"，这种类型的可调用性真正开发出了智能网所蕴含的逆向思维的潜能。在有了第三方调用后，那些并没有参与最初设计和销售设备的企业和个人也能够针对这些设备创造一系列新的软件，而这些软件可以通过调用这些设备内置的硬件来完成新的任务并满足新的需求。这种创新模式使 iPhone 和它的 App 商店成了一个非常强大的组合。通过建立一个平台，再创造一个允许其他人积极参与的生态系统，人们拓展了产品原有的功能，并为众多的利益相关者创造了新的价值。

第三方调用在其他方面也很实用。假设你经营着一家致力于实践逆向思维的企业，或许你已经确认了客户的需求并且有能力满足这一需求，但是你又不太愿意投入资金和时间来生产你自己的互联设备。现在，你有了另一个选择，你完全可以和另外一家专门销售"互联且可调用"的设备的企业进行合作。事实上，这家企业的客户中有很大一分也是你的客户，你可以为这种合作开发一款新的软件程序，这款软件可以调用你合作伙伴的硬件来为你的客户提供新服务。多亏了iPhone和App商店，这种合作创新的模式已经使成千上万名独立的App开发人员转变成了一家又一家成功的小型企业。

　　第三种类型的可调用性是所谓的"用户调用"。实际上，绝大多数看上去正在调用某些设备硬件的用户，只不过是在利用这些设备的可组合性而已。例如，任何人都能利用智能手机上的App将几件不同设备的硬件功能组合在一起，以满足一些特定的需求。但可调用性定义的一个关键是，你必须能利用设备内置的传感器、执行器以及其他组件来完成一些新的、连设计师都没有想到的任务。那些非软件开发人员的普通用户真的也能够做到这一点吗？

　　答案是肯定的，只要这些设备的生产商允许用户这样做。如果咖啡机的API只允许消费者通过智能手机上的App启动和停止烹煮咖啡功能，那么用户真正能做到的就是我们在第四章中讨论过的那种粗线条的可组合性。然而，如果 API 允许个人用户访问咖啡机的传感器和执行器，那么用户就可以用新的方式将这些传感器和执行器组合在一起，创造新的功能。用户不一定要成为软件工程专家，因为易于使用的可组合性框架，比如 IFTTT，可以直接通过 API 来完成相应的任务。

我们应该为用户提供几种类型的可调用性？这是企业和设计师在拥抱逆向思维的时候，必须要面对的众多决策之一。

智能网阶段的安全和隐私问题

人们获得了越来越多的访问硬件的权利，这给我们带来了从未想过的新功能和价值，也给我们带来了安全和隐私领域中的各种隐患。显然，设计师需要确保他们制造的设备中的硬件绝不会被未经授权的人接管，如果他们打算向第三方开发人员开放这些设备的 API，那么他们就更要注意这一点。不难想象，一个怀有恶意的人可能利用一件设备的传感器来监控这件设备的用户，或者利用一件设备的执行器对环境造成某种伤害。

我们以发生在奥地利四星级酒店 Seehotel Jaegerwirt 的事件为例。当时，黑客侵入了这家酒店的电子钥匙系统，这使得这家酒店无法为其客户制作新的房间钥匙。直到酒店向黑客支付了价值约 1 600 美元的比特币赎金，这起事件才得以解决。[4] 这是一个通过调用系统的执行器使其无法完成任务的案例。在这个案例中，被黑客控制的执行器原本应该执行的任务是，用新的锁码序列对电子钥匙卡中的被动 RFID 标识进行重新编码。系统的安全漏洞还可能导致外部人员对计算平台和通信组件的不当使用，黑客可以同时调用这两种硬件，以执行"拒绝服务攻击"或者用恶意软件感染其他系统。

软件本身所具备的安全保障也许还不足以抵御恶意行为。安全专家往往会建议采用硬件级别的安全措施：配置位流加密（可以防止未经授权的用户访问设备的 API 和硬件功能）、篡改保护、安全密钥存储，以及归零技术（如果系统中的一件设备被攻破，那么系统将自动删除敏感的加密数据）。随着越来越多的电子设备由第三方承包商，而且往往由海外的承包商来生产制造，企业必须密切关注自身供应链的安全性，以确保自己的硬件没有被克隆。

被大量用于物联网设备的各种传感器、执行器、计算芯片以及通信组件也对个人隐私的保护构成了挑战。因为隐私保护在很大程度上取决于企业有意识的行为，所以我们不仅要认识到硬件有可能被人用来获取或泄露我们的个人可识别信息，而且应该明白硬件能够实际侵犯我们的个人隐私。例如，在未经授权的情况下操作客户卧室里的某件设备上的摄像头或麦克风，这显然侵犯了个人隐私。

安全保障：自动驾驶汽车的强制性要求

没有什么事情比黑客入侵自动驾驶汽车更能说明我们在面对黑客入侵时的脆弱性或确保互联设备免受入侵的重要性了。安全创新公司（Security Innovation）的首席科学家乔纳森·佩蒂特（Jonathan Petit）指出，他可以用一个由低功率激光和脉冲发生器组成的价值60美元的系统来实现这种入侵。在2014年11月的黑帽欧洲安全会议（Black Hat Europe security conference）上的一篇论文中，佩蒂特描述了入侵自动驾驶汽车有多么容易。他可以欺骗自动驾驶汽车的光探测和测距系统，让它以为正前方有障碍物，或者用大量信号"恶搞"这辆汽车，以至于它停在原地完全不再动弹了。鉴于自动驾驶汽车可能会被恶意入侵这一潜在的安全风险，在这个安全问题得到解决之前，自动驾驶汽车不太可能被广泛接受。[5]

隐私问题的出现是因为智能网能够收集越来越多的有关客户喜好的细粒度数据。如果你收集了关于人们什么时候烹煮咖啡，以及他们喜欢哪些品牌的咖啡的数据，那么随着时间的推移，你可以为这些人建立一个庞大的数据库。当然，你可以采用无害的方式来使用这个数据库，比如向这些人发送个性化的市场营销信息和电子折扣券。你也可以出于更加邪恶的目的来使用这个数据库，比如利用烹煮咖啡时间的数据来推导用户可能不在家的时间，这样，这些用户的住宅就可能成为入室抢劫罪犯的目标。

在物联网的框架中，关于安全和隐私的问题以及相应的解决方案实在是过于复杂，而且相关的问题还在不断地演化，所以我们根本不可能在这本书中进行详尽的阐述。但是，在我们步入智能网阶段，并决定再向前跨出一步的时候，任何想要采纳逆向商业模式的企业都应该意识到这些问题，并把这些问题融入它们的商业计划中。

借来的可调用性

企业主和产品设计师不用担心自己需要被迫回到起点，重新设计自己的产品，以使这些产品具备完整的可调用性。虽然在智能网阶段,可调用性是所有设备必须具备的最重要的特征,但并非所有的设备都必须拥有强大的内置计算芯片以及相应的App商店来实现可调用性,因为在我们新的工程原则中,可组合性也是非常实用的。

这里的关键在于智能手机。如今,几乎每个人都拥有一部智能手机,它的触摸屏、摄像头以及音响功能完全可以被调用来增强没有这些功能的设备的能力。此外,智能手机还设有一个App商店,并且可以与其他设备进行通信。智能手机可以将智能网的标签贴在任何能够与其通信的设备上。或者换句话说,智能手机可以让原本缺乏完整的可调用性的设备"借用"它的可调用性。与其给家用咖啡机配备一块触摸屏,咖啡机的主人完全可以通过蓝牙把智能手机和咖啡机连接在一起。这样,智能手机就可以提供触摸屏、Wi-Fi连接、处理器以及内存来运载各种烹煮咖啡的程序。只要和智能手机连接在一起,这台咖啡机就拥有了智能网的无限潜力。

想要实现借用,我们确实需要对物联网设备的设计方式做出某种改变。具体来说,它们的API必须能够实现可调用性。如果一台咖啡机的API只能开放启动和停止烹煮这两个功能,那么这台咖啡机就不具备完整的可调用性。相比之下,具有可调用性的智能网咖啡机的API一定会允许用户对温度传感器、加热元件以及其他组件进行单独的控制。这种咖啡机的 API 与一台真的拥有一个可以运载各种 App 的平台的咖啡机是一样的。通过把可调用性和可组合性结合在一起，你可以利用外部的软件（比如在附近的智能手机上运行的 App）控制设备。这样，任何设备都能够打破其自身硬件的限制，因为你只需要利用原有的 API，就能够使这些设备的硬件具备完整的可调用性。

当然，我们在这个过程中还是需要做出权衡的。例如，如果一台咖啡机调用了它的主人的智能手机来运行各种程序，并且提供了一种复杂的显示控制界面，那么只有当用户手边刚好有智能手机时，这些程序才有机会运行。另外，借来的可调用性为整个系统添加了额外的处理和通信层，这很可能会让一些设想中的功能变得不那么切合实际。某些应用需要执行器实时响应传感器，如果这种反应过程需要在通信网络中来回交换信息，那么这种实时响应需求或许根本不可能得到满足。这也是采用了逆向思维范式的企业必须面对的另一个设计上的挑战。可调用性应该在产品设计标准清单的顶部，并与其他目标及限制因素一起被优先考虑。

这些例子说明了智能手机如何成为一种"通用智能网"远程设备，因为在今天这个世界，智能手机几乎无处不在。现在，你只需要调用一部智能手机，其他设备就可以马上获得它们应该具备的所有功能。这会让人产生一种错觉：所有这些设备都有智能。然而，随着更多类型的设备开始拥有原生智能，在未来，智能手机的作用可能不会像今天这样重要了。

最后的阶段

目前，只有极少数设备具备完整的可调用性，所以我们正处于智能网时代的早期阶段。但是我们认为，在不久的将来，有越来越多具备完整可调用性的设备会出现在市场上。在这一章，我们不仅揭示了这种设备的到来是不可避免的，而且预见了物联网和逆向模式的应用会急剧增长。随着越来越多的设计师和工程师创造出可以运行多种应用软件的产品，以及可供终端用户访问的 API，一个近乎无限的生态系统将在整个经济体系中浮现出来，这个系统包含了各种人们在有意或无意间创造出来的功能。有些功能会让人感到新奇，有些功能会催生出新的产品、新的业务线，以及新的企业，而实践逆向思维将是这些新生企业的核心使命。

换句话说，随着我们踏入智能网阶段，逆向模式将不再只是创业公司寻找市场突破口或大型企业力图追赶更加灵活的竞争对手所引起的被动或偶然的结果。逆向模式将成为企业日常运营的基本模式。

这就为我们进入下一个阶段,即所谓的融合网阶段,打开了大门。

第六章
融合网阶段：设备将成为你的体验

在本书的开篇，我们设想了一个发生在未来的场景：一辆自动驾驶汽车为我们提供了一天之中的多项融入式体验。在这个场景中，作为主角的人类从早上离开家坐上汽车、抵达办公室，到再次坐上汽车回到家，全程享受了无缝衔接的体验。他的日常任务都是汽车自动完成的，而且他周围的环境会自动改变，以适应他的各项活动、偏好，乃至他当时的情绪。我们强调，这样的日常绝不是科学幻想。在这一章，我们将向你解释我们这么说的原因。

今天，商业界和技术界正在相互融合，这是一个刚刚开始的过程。随着智能网在家庭、企业、医院、机场以及其他各处变得越来越普遍，当初为了实现不同的作用、在不同的情形下开发和部署的技术逐渐开始融合。在接下来的数年时间里，我们会看到物联网的互联设备与微软公司的 HoloLens 增强现实技术融合，机器学习技术与机器人技术融合。在专业工程师搭建起基础性架构之后，所有这些技术将共同创造一个无缝的"超现实"世界。在这样一个超现实世界中，你的客户甚至不会意识到正在与他们互动的只是一些电子设备。相反，由于周围的环境能够自动满足他们的需求，他们会非常自然地融入这个世界。

这很像是一篇充满了胡思乱想的奇葩作文，但是这种融合式现实早就已经存在于一个很小的范围内了，特斯拉 Model S 自动驾驶汽车具备的独立的、能够做出灵活响应的生态系统就是一个例子。这样一种融合式现实每天都在发展。不可避免的是，设备之间的无形互动以及它们相互调用的功能，使得设备与技术之间的界限正在不断地模糊。不同设备可以通过如此自然、有机的方式展开合作来为我们提供各种服务，以至于我们不禁会问："为我预约了悬挂系统维修服务的究竟是我的自动驾驶汽车，还是家里的人工智能系统？又或者是它们两个一起安排了这件事情？"

当用户不知道——也不在乎——价值是来自某一个系统还是来自所有协同工作的系统时，我们实际上已经迎来了一个融合式世界，并且跨入了融合网阶段。

什么是融合

一切正在变得越来越智能：传感器、执行器以及其他设备的功能将变得越来越通用，无线通信将变得更快速、更便宜、更普遍。这一切将形成一个无处不在的资源海洋，在你学会调用其中的资源后，你就能够获得超越单一设备的功能。新开发的 App 将不再局限于某一款智能设备，相反，它们将被应用于不同的设备和环境。到那时，我们将生活在这片海洋中。

正如传感器现在已经无处不在，计算也将融入我们的生活。如果数据需要经过漫长的旅途到达云端，然后返回，那么实时控制所需要的即时响应通常是无法实现的；但如果我们能够利用终端用户的客户端组成的阵列或所谓的多跳线网络，或者利用位于网络边缘而不是中心位置的邻近用户的设备，我们就能实现即时响应。当需要更深层次的计算时，相关的处理将被切换到集中的私有云、边缘云或公共云中进行。如果我们不考虑精确的定义，那么这实际上就是思科公司所说的"雾计算"。

云通常是飘浮在你头顶上的，它和你之间的距离意味着它并不是触手可及的。而雾通常在地面上出现，包裹着它周围的一切。当我们一往无前地从销售产品走向满足需求，最后实现创造和构建体验时，这就是即将到来的现实。自 2011 年以来，德国的技术和商业领袖们一直在谈论这样一个阶段：工业 4.0。他们谈论了信息物理融合系统，并探讨了这种系统对商业和制造业的影响及其对政府、社会和人类的身份认同造成的冲击。[1] 现在，这个阶段马上就要来临了。

这个阶段的物联网使得一种新的增强现实的形式成了可能，并为未来创造了非同寻常的可能性。它将利用其他技术领域的前沿成果，包括机器学习、机器自主以及语音技术。这是让人兴奋的，也是让人感到恐惧的。它带来了很多挑战，其中最重要的是安全和隐私方面的挑战，以及它对就业岗位和工作场所的冲击。然而，那些愿意迎接挑战的企业和创新者将会在一个全新的世界中引领我们继续向前。

融合网是一个超越了智能网的阶段，因为它的基础是通过调用海量的通用资源来组合各种行为和体验。通用资源指的是传感器、执行器以及设备的连通性。这些资源随处可见，有些是固定的，有些是移动的，有些是永久性的，而有些是临时的。以 TrackR 和 Tile 为例，这两家公司的价值定位都依赖于众包的 GPS 设备。它们的系统调用了参与者智能手机上的蓝牙和 GPS 连接，它们把参与者的智能手机与云端连接，形成了一张可以用来搜寻失物的网，这些失物配有一张小小的蓝牙标签。假设你在钱包里放了一张 Tile 的标签，那么无论什么时候，只要你靠近钱包，你的智能手机就会通过蓝牙读取这张 Tile 标签，并记录钱包的最新位置。如果你不小心把钱包丢在了购物中心，当其他人的智能手机靠近你的钱包时，他们的手机也会记录钱包的位置（当然，手机的主人并不知道他们的手机做了些什么）。这些手机会被调用来帮助你寻找你的钱包，在找到了你的钱包后，只有你的手机才能读出你钱包里的标签。

这个案例非常好地展示了如何调用其他参与者。智能手机设计师之前可能从来没有想到过这样的做法，但他们很愿意参与进来。在上面的案例中，调用手机硬件的方式是请求你允许共享位置信息。这种可以被调用并且能够协同发挥作用的功能有很多。随着我们逐步迈向融合网阶段，类似的应用会变得越来越普遍。

在前两章，我们从设备的角度讨论了具有逆向思维的、以需求优先的商业模式。在这样的模式中，由硅、玻璃、塑料以及金属构成的物品可以执行某些特定的功能，而它们组合在一起后甚至可以执行更多的功能。现在，在研究设备演化过程的最后一章，我们进入了这样一个环境：为了实现所有的实际目标，这些设备都消失了，或者至少变得无关紧要了。在客户意识到自己的需求之前预见其至预测他们的需求，这种能力才是逆向思维在实际应用中的终极案例。这种响应客户需求并解决问题的能力似乎完全依赖于你的直觉，就好像是一种超能力。

在这一章的第一部分，我们将深入探究复杂的技术网络和工程模式，它们使得融合成了可能。这部分包括企业用来分享数据的很多协议。在这之后，我们将给出两个案例，其中一个来自消费者的体验，而另外一个来自工业实践。这两个案例将会向我们展示融合网真正的样子。

推动融合的架构原则

可发现性

越来越多的设备的组件将对其他设备开放，这会带来巨大的好处。有些设备是对大众开放的，而有些设备可能只对某些特定的对象开放。例如，在未来，路边的停车计时器或许可以被改造成电动汽车的充电桩。当汽车进入停车位时，停车计时器可以通过云端系统或本地的信标告知车主，它还可以提供充电服务。与此同时，车内的显示器会显示每千瓦时的充电价格以及停车的费用（当然，如果你需要充电，那么停车就会免费）。另外，在你停好车后，你还可以调用停车计时器上的微型摄像头来监控你的爱车。

事实上，有两种类型的可发现性，一种是静态的，另一种是动态的。静态的可发现性需要特定的设置和信号交换。动态的可发现性是流动的、临时的，比如，你的车在大多数情况下都是与一台它之前从未接触过的停车计时器交换信号的，因为它的设置是可以与任何停车计时器交换信号。融合网将要推动的是所谓的"动态发现"以及各种临时性功能的实现。

在这样的背景下，任何安全保障都将是有条件的。维修人员或许可以拥有访问停车计时器的内部组件（比如温度传感器）的权限，以确保充电桩不会因为过热而烧毁停车计时器的内部电路。在寻找某位被绑架儿童的安珀紧急通告（AMBER Alert）生效期间，某座城市或许会调用所有停车计时器上的摄像头，并很有可能主动向你提出请求，以调用你车上的摄像头，从而利用城市里所有的摄像头来协同搜寻一辆挂有特定牌照的银色现代伊兰特轿车。

交通事故同样可能引发这种"全面投入"的状况。通常情况下，你车里的防抱死制动系统（ABS）只和车载系统进行数据交换。但是当你的车遇到黑冰[①]时，对这些数据进行保密就

[①] 黑冰是黑色马路上的一层薄薄的冰。因为它太薄了，你根本看不见它，只能看见黑色的马路，而这样的马路是非常危险的。——译者注

不太明智了。你车里的防抱死制动系统会向外界发送射频紧急信号，以通知附近的车辆避开。此时，你的车可能已经开始打滑，或者滑过了数个车道，甚至已经滑上了路肩。在接收到信号后，道路隔离栏中的传感器会判断你的车是否已经脱离了上述一系列险象。如果云端系统判断你的车已经损坏，那么它会自动帮你联系拖车或者呼叫其他的应急服务。与此同时，你手机上的导航软件 Waze 也将自动联系你预先选定的朋友或家人，告诉他们你在路上遇到了麻烦，并把你的定位信息发送给他们。

可发现性把你的设备和其内部的组件纳入了一个更宏大的世界中。所以请做好准备，你很可能会影响别人的故事。

场景

在安珀紧急通告生效的情形中，当你的车报告它在路上看到了那张特别的车牌时，如果它没有描述这张车牌所处的场景，那么这一信息就没有任何用处。当你的车载摄像头发现那张车牌时，你的车在哪里？你当时正在朝哪个方向行驶？任何可发现的设备都应该提供它的使用场景的相关信息。比如，停车计时器上的充电设备就应当为车主提供它支持的充电电流和电压信息。

如果你的解决方案涉及和其他的设备交换信息，那么你就需要考虑与交换信息相关的场景。任何一个场景都会包含很多方面的信息，其中有一些容易被忽略的基本信息。一个太阳能道路反射器中的温度传感器除了需要报告路面温度之外，还需要报告它所在的车道。完整的信息通常应该涉及这些维度：内容、时间、地点，以及原因（这一点最为重要）。让我们来设想这样一个场景：一个滑雪度假村使用RFID技术来追踪贴有RFID标签的出租设备。一对滑雪板的RFID标签信息应当涉及如下维度。

- 内容——这对滑雪板唯一的识别代码。
- 时间——RFID读写器识别到这对滑雪板的日期和时间。
- 地点——RFID读写器识别到的这对滑雪板的具体地址；例如，在北坡旅馆的租赁店里。
- 原因——这对滑雪板的业务场景；例如，滑雪板正在被一个客户租用，所以它现在处于已出租的状态，租赁合约的号码是271828。

在对数据进行了场景化处理后，原始的传感器数据被捕捉这些数据的程序变得更加丰富了。在滑雪度假村这个案例中，出租店里的RFID读写器仅仅记录标签中的原始数据是不够的

(原始数据包括内容以及时间这两个维度)，它还应该从地点以及原因这两个维度来丰富采集到的原始数据。采用某种数据标准来规范在特定场景中获取的数据，可以帮助我们创建真正实用的参考数据。

协调

有时候，你需要建立一个系统才能够控制一些设备的行为。有些设备的行为是有机的，而另外一些设备或许需要一个专用的系统来协调它们的行为。比如，在关于 Tile 这家公司的案例中，我们可以看到的所有设备的行为实际上都是一个有机整体的一部分。但是在你的家里，你的亚马逊 Echo 音箱、苹果电视机、Nest 恒温器，甚至你的机顶盒都在争相吸引你的注意力。有些设备具有有限的兼容性并且易于整合。你也可以将所有的设备拼凑在一起，共享一个连接。比如，Echo 音箱和 Nest 恒温器就能够互相交换数据。但是，所有这些设备互相重叠的规则和行为很可能会导致混乱。用不了多久，新闻报道就会讲述一个由一系列复杂的错误引发的故事：某个可怜的房主在一月的某个寒冷彻骨的夜晚被他的电视机锁在了门外。

考虑到安全保障、访问控制问题，以及各种相互关联的工作流可能导致的意想不到的后果，要实现设备之间的融合，最好的架构是创造一个能够协调所有设备行为的、逻辑集中的软件系统。如果这个系统想要获得实时的响应，那么它就必须把各种操作委托给处于边缘位置的设备。这实际上就是我们在第四章探讨过的中介架构原则，但是在融合网的情形中，由于设备之间的连接是动态的，这一原则就显得更加重要了。

你的商业模式是围绕着协调和主导各种工作流建立的，还是围绕着为其他业务工作流提供关键组件建立的？这实际上是非常关键的问题。

调用非数字化的物品

在物联网和智能网阶段，我们主要聚焦于那些含有传感器、执行器、计算芯片以及通信组件的数字化设备。但即使数字技术已经渗透到了我们日常生活中的很多方面，还有很多东西是无法承载处理芯片或者电池的，比如一双袜子、一盒纸巾、一瓶牛奶。不过，在一个真正实现了融合的环境中，这类物品也将被包含在一个完整的体验过程中。

把这类物品转变为可调用物品的诀窍是，你需要赋予每件物品一个唯一的识别号码，并且确保这个号码能够被某种设备感应到（比如智能手机）。当感应设备检测到附近有这类物品时，它就会把经过场景化的信息传递出去，而相应的软件就仿佛直接在与这些物品进行互动一样。自动识别和数据捕获技术可以让这一切成为可能，这类技术有如下一些具体表现形式。

- **被动 RFID**

  这是一块包含少量数据的微型硅芯片。通常来说，它只包含一个唯一的识别号码。使用这种微型芯片做成的标签是没有自带电源的，但它配有接收附近感应设备信号的天线。这种天线能够从它接收到的无线电信号中获取足够的电量来启动芯片，并使其用唯一的识别号码做出响应。你可以在 10 米以外读取 RFID 标签，而且即使感应设备和标签之间有东西遮挡，也不会影响数据的读取。

- **条形码**

  这是一种由深色和浅色条纹或方块组成的图案，它可以被编码成一个唯一的识别号。你可以用专业的扫描仪和智能手机上的数字相机来读取条形码。虽然条形码在被读取的时候不能被遮挡，但它们非常便宜，因为你可以用任何普通的打印设备打印它们。

- **数字水印**

  这是一种和条形码类似的编码方式，但数字水印使用了人眼难以发现的颜色深浅变化，所以你几乎无法察觉到它的存在。你可以在任何物体表面——比如一件消费产品的包装上——覆盖很多完全相同的数字水印，这样，无论这件物品面朝哪个方向，你都可以读取水印信息。同时，包装的表面不会显示任何标记。

这些自动识别和数据捕获技术使我们能够把那些非常便宜的、一次性的日常用品纳入各种融合体验。例如，Tile 公司让用户把 RFID 标签贴在他们的手机、汽车钥匙或任何其他的小件物品上，从而使他们可以很容易地用智能手机找到这些物品。你再也不用面对在你想离家上班的时候找不到汽车钥匙的尴尬，现在，钥匙的位置会很简单地出现在你的手机屏幕上。

机器学习和深度学习

融合的关键在于，让消费者所处的环境在他采取非常明显的行动之前立即响应他的需求。在最理想的情况下，消费者周围的环境甚至可以在他意识到自己的需求之前就做出响应。我们在机器学习方面取得的进展使这种设想成为可能。虽然有时候，我们把这种技术称为人工智能，但它实际上只是一种可以让人信以为真的智能的错觉。

机器学习能够识别数据中的模式，并基于过去的有效方式预测适合新数据的响应方式。物联网技术使我们能够获取海量的训练数据，而人类在计算能力方面取得的进展使我们能够创建深度学习网络。这些网络不仅可以消化海量的数据，而且可以以一种不可思议的精确性对各种模式做出响应。

例如，早期的机器翻译试图参考由人编撰的词典和部分演说，这样的做法常常会导致一些很滑稽的结果。现在，深度学习系统已经消化了数百万页多种语言版本的畅销书籍和政府文件，这使得机器几乎可以像人类一样流利地翻译。在融合网阶段，深度学习技术能够消化用户与世界的数百万次互动产生的海量数据，并利用这些数据来预测用户的需求，在用户没有提出任何要求的情况下主动做出响应。

合作

虽然现在我们有可能创造一个完全由某家公司控制的融入式环境（比如特斯拉汽车的内部），但企业更有可能通过合作创造一种融入式体验。例如，在一个真正融合的世界里，任何一个商务旅行者都可以在智能手机上发起视频会议，他此时可能正在从机场大门走向出口（在他手机屏幕的某个角落里，可能会有一个很小的画面，显示的是机场的平面图）。他可以坐在来福车后排的座位上继续他的视频会议，并在进入酒店房间后把会议无缝转接到房间里的大屏幕上。当然，他早就已经在手机上完成了酒店的入住手续，并拿到了蓝牙开门所需要的密码。

这样的场景只有通过企业合作才有可能实现，旅行 App 的供应商、机场、共享汽车服务公司，以及酒店需要同时在后台开展合作。随着客户从一个地方移动到另一个地方，企业必须准备好以前所未有的方式来共享数据，而不仅仅是执行任务。

数据共享架构

有很多种不同的方式可以让企业跨越壁垒，共同分享相关的数据。

- **M2M 消息传递**

两家建立了合作关系的企业可以直接向彼此发送消息。一种常见的例子是网上采购和电子发票，这通常被称为电子数据交换。在这种情况下，每一方都会保留自己的数据，并且只在实现既定业务目标时期共享数据。这使得每一方都拥有很大的控制权，但这可能很难确保双方都拥有最新的数据，或者在没有直接关系的、缺乏 M2M 通信渠道的贸易伙伴之间实现数据共享。

- **可信赖的、中心化的第三方**

企业可以通过一家值得信赖的第三方公司来保存需要共享的数据，从而达成双方的合作。当合作涉及多家不同的公司时，这样的方式就比利用 M2M 简单很多。此时，你不再需要和参与合作的每一家公司建立点对点的连接，而只需要与一家值得信赖的第三方公司建立连接。通过让这家第三方公司为所有参与合作的企业提供数据交换的中介服务，寻找有意义的数据会变得更加容易，因为此时所有的数据都集中在一个地方。当参与合作的各方都认为存在一个可以完全保持中立的对象时，人们往往会把这个对象看作值得信赖的第三方。例如，由政府运营并提供的服务往往会受到各方的信任。

- **联合架构**

在一个联合架构中，每一家企业都会和一个自己信任的第三方共享数据，这个第三方会把数据传递给合适的对象。但是，值得信赖的第三方并不是唯一的，企业有很多选择。这使得参与合作的各方不一定要选择唯一的第三方，但如果发送信息的一方和接收信息的一方选择了不同的第三方，那么事情就会变得复杂起来。这时，我们往往需要一个中立的"根"服务来协调不同的服务供应商。一个典型的例子就是互联网的域名系统，在这样一个系统中，不同的域名记录会被保存在不同的注册服务器上，而这些注册服务器会通过一个由国际组织管理的根服务器相互连接。

- 去中心化系统（共享分类账或区块链）

和联合架构一样，在去中心化系统中，你也会面对多个不同的服务供应商，只不过每一个供应商都拥有全部数据的副本。每当一家企业需要共享一些新的数据时，它就会将一份数据拷贝发送给某一个服务供应商。之后，这家服务供应商又会将这份副本发送给其他所有的服务供应商。这些供应商会采用一种共识生成算法，以确保它们拥有的数据副本是完全相同的，而且没有人能够单独审查或篡改数据。

今天，去中心化系统最为成熟的例子就是比特币网络。

在这个网络中，人们共享的数据实际上是交易双方虚拟币的转账记录。比特币的发明者显然是在试图创造一种不会被任何政府或中央银行打断或摧毁的价值转移方式。因此，针对去中心化系统的有效管制是至关重要的。共享分类账也适用于复杂的、参与者众多的金融交易，重要的不仅是"你知道"和"我知道"，而且是"我知道你也知道"。[2]

去中心化系统究竟会在物联网的应用中扮演一个什么样的角色，这一点依然有待观察，但是在某种程度上，如果消费者想要避免与他们的私人物品有关的数据受到任何一家企业的掌控，那么共享分类账系统的去中心化管制方式很有可能是非常重要的。在某种程度上，众多消费者生成了海量的、可供深度学习技术挖掘的数据，而共享分类账提供了更高的透明度，以便消费者知道谁在使用他们的数据，他们可能因此而获得某种形式的补偿。

这项技术还处于初级阶段，共享分类账能否继续发展，直到有能力处理物联网应用所涉及的海量数据，这一点还有待观察。

妈妈刚买了一个全新的手袋：消费产品案例

那么，融合及其基本原则将如何在现实世界中发挥作用呢？下面是一个来自消费产品领域的案例。

这是未来某一年的 3 月，旧金山的早上 8 点充满了阳光。她是一家企业的高管，在离开家的时候，她和往常一样随手抓起了放在门口的"智能手袋"。这个手袋内置如下组件：一块很小的可充电电池、运动传感器、加速度传感器、镜头朝外的摄像机、计算机、GPS 组件，以及一个能够通过软件来协调 RFID、蓝牙、ZigBee、蜂窝网络和各种其他无线通信协议的无线通信组件。当这位女士离开她的公寓时，手袋上的 RFID 读写器检测到了自身的运动状态，并注意到女主人的眼镜和她购买的科技杂志上的 RFID 标签正在逐渐离开它的感应范围。它发出了某种声音，提醒女主人她没有带上这些东西。女主人随后返回公寓拿上了她的眼镜，但那份杂志已经过期了。

当天，这位企业高管要前往洛杉矶出差。在她乘车前往机场的路上，她的手袋注意到她的手机电量已经很低了，所以它自动为手机充了电。当她在候机楼里路过一家商店时，一个蓝牙信标向她的智能手机发送了提醒，告诉她新一期的科技杂志已经出版了，于是她停下脚步并买下了这本杂志。她的登机牌就在她的手机里，手机会随时更新有关登机口和登机时间的信息，并在开始登机时振动提示她前往登机口。

当她走向候机区时，手袋注意到自己内部的电池电量不足了，所以它开始自动搜索正在通过蓝牙宣传其充电服务的充电器位置。它很快发现了一个充电位置，所以它向自己的主人发送了一条信息，建议她坐在靠近那个位置的地方。在抵达了那个位置之后，它开始自动充电，同时它的主人利用手腕上的手表支付了使用充电服务所需的费用。几分钟以后，这位女士离开了座位，前往洗手间。尽管她携带了自己的手机，但她把手袋遗忘在了旁边的座椅上。不过，你根本不需要担心她的手袋的安全性。此时，她的手袋注意到主人的手机已经离开了它的感应范围，所以它自动给自己上了锁。如果内置的加速度传感器检测到手袋处于运动状态，那么手袋就会拉响警报并给它的主人发送一条短消息。由于她在上一周下载了一款App，并且已经在机场的安检处登记了她的手袋，所以如果有人想入侵手袋的系统或者偷走它，它就会发出一声射频"尖叫"来提醒附近的安全摄像头。同时，这个手袋还能向机场的安检人员保证自己属于一个已经通过了安检的旅客。

在抵达洛杉矶后，这位企业高管阴差阳错地把手袋遗忘在了飞机上。幸运的是，她很快就利用众包的GPS服务找到了它。当时，正好有人在飞机上排队经过了她的手机，这些旅客的手机读取了她的手袋的信标信号，然后通过云端系统向她发送了手袋的位置。很快，她从一位空乘人员的手上拿回了自己的手袋，并继续进行她随后的工作和旅行。[3]

逆向思维和体育运动

体育运动或许可以展示物联网的整个演化过程。让我们来看一下网球运动。百宝力的 Play PureDrive 系列网球拍的手柄内置一块芯片，同时，该手柄还配有三轴加速度传感器和三轴陀螺仪。利用这些内置的传感器，它可以测量球拍顶部的速度以及球的转速。在将来，球拍或许还可以通过调用3D位置信标来统计运动员把球打在网上的次数，并检测他的步伐是否有问题。在球上安装传感器是一件很困难的事情，但如果有人能够解决这个问题，那么这将对客户练习击球位置和击球力量产生巨大的影响。这种技术的使用重塑了客户满足自身需求的方式。

物联网对团队运动的影响也是非同寻常的。美国斑马技术公司与美国国家橄榄球联盟展开合作，以追踪球场上的球员，并且保证追踪结果的误差不超过6英寸[①]。他们会在球员的垫肩上放置超宽带的RFID标签，并在体育场的周围放置很多RFID读写器。每个球员的位置、奔跑速度等数据会被实时地传送给比赛主播，这样，他们就能在演播时通过使用这些信息来增强观众的参与度。教练也可以利用这些信息来构建他们的比赛策略，获得关于球员的奔跑速度和路线精确度的汇总统计数据（有益于接球手），甚至可以分解球员在面对某个特定对手时的具体表现。

  传统的体育训练会因为数据的延迟和稀少而受到各种限制。即便你能够获得一个网球选手的挥拍效率和挥拍速度等数据，但只要这些不是实时数据，那么它们作为训练工具的价值就会大大降低。在过去，关于教练和运动员的评价往往是由专业人员和球迷共同给出的，但棒球被击出时的角度和速度等实时统计数据已经改变了这种状况。现在，教练可以基于很精确的数据来训练和指导球员的练习，这些数据可能包括他们的速度、爆发力、手臂力量、精确

[①] 1英寸=2.54厘米。——编者注

度,以及其他更多有关个体潜能的指标。你还可以采用无数种不同的方式让观众参与进来。例如,要不了多久,实时采集运动员数据的做法就会成为实时体育的核心组成部分。

我们还可以将这种类型的数据追踪技术部署在各种不同的公共场合中,比如机场。如果乘客同意,机场可以追踪他们在机场里的位置,以防他们错过自己的航班。另外,你还可以追踪飞机跑道上的拖车或除冰车的位置,这样,你既可以控制这类车辆在机场内的数量,还可以预防事故的发生。在有了足够的数据后,你不仅可以预测各种需求,还可以在它们成为问题之前想办法来满足这些需求。

智能工厂:工业案例

这是一个消费者的世界,但融合网会如何在现实的、以结果为导向的商业世界中发挥作用呢?由于工程师和设计师才刚刚开始探索智能网阶段,所以我们缺乏企业利用这个无所不在的、融合的、能够做出响应的计算环境的具体案例。然而,我们或许可以提供一种有根据的、高度现实的推测，来展示不久的将来可能会发生什么。

如果你感兴趣，请跟随我们来看一看 2030 年的工厂是什么样子的。

这是一家高度自动化的工厂，所有的机器已经高度物联化，并且与工厂的虚拟化版本进行了连接。在一个完全融合的计算生态系统中（可能是私有云或公共云），车间里每一台真实的机器都会有一个对应的虚拟化身，每一台真实机器的状态都会在其虚拟分身中被重新创建。例如，对一台计算机数控铣床来说，它的分身将会反映如下可能影响其运作的物理状态。

- 其执行器的位置
- 当前的主轴转速
- 工具传送带上的工具
- 轴承的温度
- 油的温度和黏度
- 冷却液的液位
- 机器运作的状态
- 正在运行的计算机数控指令
- 正在使用的卡具和钻模

- 机床的状态
- 驱动机床的电动机的音量
- 电动机的电流
- 部件的状态（用动态的计算机辅助设计来表现正在进行的切割操作，那看上去就像动画一样）

事实上，云端的虚拟工厂会尽可能完整地重建一家真实的工厂。这包括所有机器的"数字孪生"版本；辅助机器人的位置和状态；自动导引运输车（AGV）的位置和状态（这种自动导引运输车主要用于运送各种工具、卡具以及工具架上的钻模）；工厂内部的配件流动；入库缓冲区的库存；出库缓冲区的成品库存；工厂内部各个区域的环境状态，包括空气的质量和温度（温度对于精密制造尤为重要）；自动检测部件的多种方式，包括探针、光学手段、工业磁共振成像，以及手工检测；工厂基础设施的状态，包括地面的潮湿程度、电气设备中的自动故障断路器，以及HVAC（供热通风与空气调节）系统的运行状况，该系统将确保精密制造所需要的温度和湿度保持不变。

如果通过间接的方式将该工厂与第三方的运输车辆等设备连接起来，那么这个虚拟工厂就可以包括相关的供应链。该系统通过跨云通信来获取每家运输公司的状态,以实现这一点。相关数据包括为下一道工序运送原料的卡车的位置、车上装载的货物的详细信息,以及计划前往出库区装载货物的卡车的状态(一辆超载或晚点的卡车可能会阻碍生产)。

实时技术、数据分析和机器学习的组合持续地监控虚拟工厂,并获取其他数据,包括发运货物所需要的备货时间、常用物品和水电的价格,以及气象数据(一场暴风雪很可能会阻碍发货)。在有了这些数据后,这些算法可以履行相当广泛的管理责任。它们将控制工厂的运营,包括向自动导引运输车发出指令,将自动导引运输车和机器人指令与正在制造的部件相匹配,动态调整相关指令来解决意想不到的事件(比如机器和自动导引运输车发生故障),以及在意外发生后重新做出规划。它们会评估机器的状况,设置和管理更换工具的时间表,补充或者更换易耗品(比如机油和冷却液),预测可能发生的故障,并最大限度地延长机器的工作时间。

GE(通用电气公司)是世界上最大的、最有影响力的企业之一,它已经开始在产业的规模上提供一些解决方案。GE具有长远的眼光,它将自己生产的机器视作一种服务而不是产品,并且具备工业控制领域的专业知识和经验,这些都使它成了一家在不同行业推广物联网的理想企业。GE把这种做法称为"工业物联网"。然而，GE又把它的战略推进了一步，它开始用Predix的形式向客户提供工业级别的数字孪生技术。Predix是GE开发的基于云的"平台即服务"产品，它可以为寻求资产绩效管理的企业提供行业规模的分析。

Predix已经成了GE数字战略的一个核心。Predix系统能够采集到的信息、它能够保证的"服务水平协议"，以及它在未来可能提供的预测能力向我们大规模地展示了逆向思维。通过一系列的收购，包括收购移动服务应用商ServiceMax和科技公司BitStew，GE强化了它在整个行业中的地位。

预测性维护和保养

今天，人们会购买和使用各种机器，但是机器很少或者根本不会向那些持有并依赖它们的人提供关于它们当下状况的反馈。人们通过常规的预防性保养或被动的方式来解决机器出现的问题。用户停工等待机器修复的这段时间会产生高昂的成本，还会造成各种混乱并导致一连串的问题出现。这对机器、制造商和用户都是很不利的。

我们真正需要的不是机器本身，而是机器带来的结果。比如，一个泵能够将液体从一个地方输送到另一个需要这些液体的地方。换句话说，我们真正需要的是以服务形式交付的可靠的工业效能。这就是我们在前面描述的逆向思维。很多有远见的企业不仅重塑了它们的产品，而且重新思考了它们交付的产品的本质，以及它们提供相应价值的方式。预测性维护和保养可以在实际时间窗口内预测可能发生的组件故障，这对于保证可靠性至关重要。

正是因为注意到了这一点，萨尔·尤可维奇（Saar Yoskovitz）创立了 Augury 系统公司，这家公司为工厂的 HVAC 系统中的泵、冷却器和风扇配备了外部传感器，并在云端完成了大量的数据处理工作。这使得 Augury 系统公司可以提供基于状态的预测性维护和保养服务。预测性维护和保养与预防性保养以及被动式保养是完全不同的，预防性保养是基于部件的有效寿命标记需要更换的部件，而被动式保养是在故障出现以后标记发生故障的部件。这家公司和特灵空调、开利公司、江森自控、布鲁克林造船厂、爱玛客、多所综合性大学、数据中心，以及其他类型的机构展开了合作。

"如果这是一台价值数百万美元的设备，那么你为什么不把它当作一项服务来购买呢？"尤可维奇说，"Augury系统公司代表了商业模式发展的一个趋势，即把物品（或产品）当作一项服务，简称OaaS。你为什么还要购买类似洗碗机这样的设备呢？你为什么不把洗碗当作一项服务来购买呢？"在这种商业模式中，消费者不再需要洗碗机。相反，洗碗的设备、洗洁精、日常的维护和保养，以及通过物联网监控洗碗机的服务都可以由第三方公司提供，消费者只需要每月根据洗碗次数支付一定的费用。这就是我们在第二章探讨过的逆向商业模式，这种模式具有更高的灵活性，能够提供更多可操作的数据，并且在满足客户需求的同时赋予了客户更多的控制权和选择权。

此外，为了最大限度地提高机器的利用率，减少库存并降低故障带来的风险，所有算法会具体评估工厂的负载平衡度。它们优化了工厂的作业程序和生产所需的部件在厂内的输送线路，增加了利润并降低了风险。它们还演示了涉及关键部件的一些场景（比如，如果机器 2 发生故障，那么利润最高的产品就会被迫停止生产）。它们会推断出哪些是尚未完工的在制品，并采用最受管理层青睐的控制策略，无论是"看板管理"策略还是维持在制品库存数量的策略。它们还会通过统计过程控制来分析原因和故障之间的关联。

  这些算法能够合理地安排工厂的运营时间，以降低水电成本（比如，算法将权衡不同来源的能源价格，以决定是使用可再生能源还是本地发电）并安排定期的维护和保养（比如，在周五停用机器 2，然后安排机器 2 的检修）。这种精细化控制增强了工厂的可持续性（例如，如果工厂在周三之前没有热处理的需求，那么系统将自动关闭电炉，但之后它会安排预热）和安全性（例如，测量空气质量、对压力容器进行泄露检测）。该系统甚至能够处理供应链问题（例如，自动下单购买冷却剂、安全地处理工业废水；如果暴风雪使得产品 1 生产原料的库存出现了短缺，那么工厂将自动切换为生产产品 2）。

  诸如此类的关于工厂和仓库管理的程序与消费者使用的 App 同样重要，也同样具有变革性。毕竟，工厂和仓库都需要人来管理，而人会主动地寻求一种令人愉悦的、让人融入其中的工作环境，就像他们寻找家庭环境一样。

人类的角色

在拥有了这套系统之后,这家工厂的经理在一次生产中注意到了一个质量问题:产品表面的光洁度出现了明显的下降。在查阅了大量历史资料并参考了多家工厂分享的经验和教训后,这个系统给出了一组可能的诊断结果。

- 冷却剂存量不足或者被污染了
- 冷却剂液位传感器也许发生了故障
- 工具的切割面可能出现了磨损
- 库存材料或许比我们以为的要硬很多

这位经理耐心地等待下一批材料开始进入同样的切割流程,他准备了一个红外摄像头,然后戴上了一副终结者风格的智能眼镜(例如,微软的 HoloLens)。在他发现冷却剂并不存在存量不足的问题后,他把红外摄像头转向了切割面。在确定了他在车间里的具体位置和摄像头的拍摄位置后,系统调用了他拍摄的图像,并告诉他切割面的温度明显要高于正常的温度。通过他的 HoloLens 眼镜,他看到了由传感器数据以及计算机辅助设计图构建的机器内部的多层视图,这是一种类似于"X 光视觉"的融合体验。在工具被放回到传送带上以后,他挥动了一下自己的手,启动了一台外部摄像头。摄像头在经过了平移和重新聚焦后,向他展示了镀有钛铝氮化物的工具表面已经失去了它特有的金色,这表明工具过早地出现了磨损。这就是产品表面光洁度下降的元凶。

他用语音把这个问题记录了下来,随后,系统自动把语音记录发送给了他的工具供应商。接着他又做了一个手势,通知系统马上启用备用工具。在他走回办公室的路上,一个测量地面湿度的传感器通过地理定位感应到经理正在附近,所以它马上提醒他去检查一下。他注意到自己头顶上方的HVAC系统正在向下滴水,所以他再次做了一个记录,并通知系统进行维修。此时,虚拟工厂系统通过他戴着的耳机向他询问,是否需要派遣一个真空或拖地机器人定期清扫这块地面,以防有人在这块潮湿的地面上滑倒。他立刻语音同意了这个建议,并用手势划定了一个需要清洁的区域。随后,他扫描了房间,想看看是否有其他进行了地理定位的传感器想让他关注一些其他的问题。至少目前看来还没有,所以他转头走向了自己的办公室。

其他场景的应用

这是一些非同寻常的场景,但也不是遥不可及的。目前,世界各地的公司和学术机构正在积极地开发和测试各种技术,这些技术能够让我们想象中的工厂以一种似乎是完全自主的、可以响应环境的方式来运作。这些技术产生的影响将是极其深远的。在前面的章节中,我们一直在探讨利用了逆向思维的全新的商业模式。在这种商业模式中,工程师和设计师思考的出发点不再是如何制造一款新的产品并把它投入生产,而是如何通过物联网用一种全新的方式来满足客户的需求,其中甚至包括客户自己都没有意识到的需求。这使我们触碰到了智能网的边界。现在,我们正在谈论的技术不再是简单地满足客户的需求,而是预测客户的需求。

在虚拟工厂场景中展现的系统的潜力远远超越了当今的制造业世界。同样的技术还可以应用于如下场景。

- 飞机维修工程师可以利用增强现实眼镜来观察涡轮发动机及其部件的内部状况和维修历史。例如,他可以看到发动机内部零件的年龄和保养历史,并且可以通过内部的传感器了解这些部件的实时状态。DAQRI公司的智能头盔将普通的安全头盔与增强现实头戴式套件组合在一起，石油和天然气行业的从业人员、自动化和制造业的工人可以通过这个头盔查看虚拟指令、安全信息、培训材料，而且能够看到一些构建在特定现实数据基础上的视觉映射。

- 在医院的护士站里，护士不仅可以监测病人的病情，而且可以掌控病房、手术室以及重症监护室里的设备和仪器的状况，并了解正在进行的药物治疗的进程。例如，研华科技（Advantech）的智能护士站系统通过一个电脑控制面板就可以实现对病人的监测、病历管理、用药管理、病区管理，以及员工管理。

- 护理人员可以使用一组设备，包括各种可穿戴设备、认知测量系统、"智能处方瓶"内置的药丸追踪器（可以通知护理人员病人是否已经服药），以便监测在家里或者在养老机构里的老年病人的病情和日常活动。

- 零售店的雇员可以监控货架的缺货情况、店内小仓库中的存货数量、电子价格标牌上的具体价格、到货信息、重新订货信息、产品过期情况和盗窃情况。例如，全球最大的软件公司SAS目前正在开发一个"智能商店"解决方案，这个解决方案可以让零售商具体分析购物中心和商店里的某个位置或多个位置的人流量。有一个应用可以让零售商通过视频或Wi-Fi步行监控来查看顾客是否在某个特定的区域花费了很多时间。他们会派人去帮助那些顾客，或者利用这些数据来调整店内的陈列布局以增加销量。

- 从建筑结构的完整性、HVAC系统、电梯，到火警探测器和地下停车场，物业经理能够通过监控这一切确保一栋大楼的安全、性能，并控制运营成本。例如，利用我们之前提到过的建筑数据分析软件Clockworks，KGS建筑公司帮助麻省理工学院对其HVAC系统中的7 000件设备实施了监控，并每天对1 400万个数据点进行分析，最终通过更有效的HVAC管理系统帮助学院每年节省了100万美元的费用。[4]

- 任何一座城市的官员都需要管理很多事情，从城市供水系统到公共交通系统，从路灯到交通流量，从城市公园的照明系统到学校的安保系统，市政官员可以在一间办公室里完成所有这些事情。世界上的几座城市正在试点一个项目，这个项目通过由传感器组成的网络对二氧化碳、一氧化氮、悬浮颗粒物、气温、气压，以及湿度进行实时测量。这些数据可以让城市管理人员通过一些行政措施来减少城市的污染，比如限制车辆的通行时间段或者禁止燃烧木材等。

- 农民可以利用"精准农业"来监测土地不同区域的水分、害虫以及矿物质含量，以便用尽可能精准、及时和经济的方式来灌溉、除虫和施肥。这些操作需要同时考虑微气候和大环境的天气条件。例如，原本只向其客户销售拖拉机和联合收割机的制造商约翰迪尔公司正在将自己重新定位成向农民提供此类服务的智能农业供应商。

正如你已经看到的，由于引入了这些技术，所有行业、所有商业领域，甚至所有的人类活动领域都会发生改变。实际上，你引入的不仅仅是一些设备，而是一种能够做出响应的、个性化的融入式环境。

预测性健康状况监控

现在，很多人都在谈论可穿戴设备，并对 Fitbit 和苹果手表这样的设备充满期待。不过，可穿戴设备可能不仅仅是一种奢侈品,尤其是在疾病的辅助治疗方面。可穿戴设备可能有两种用途:(1)被消费者用于日常的健康、健身和活动监测;(2)被消费者直接应用于他们的治疗过程,以此来改善他们的生活,甚至在某些时候拯救他们的生命。

我们以癫痫这种可怕的疾病为例。用传感器来检测这种疾病的症状,做出及时的响应,并防止这种疾病的发作(这是最不同寻常的了),这些充分展示了智能网的巨大潜力。这实际上就是物联网健康企业 Empatica 创造的具有标志性意义的解决方案,这家公司生产的可穿戴设备能够预测各种神经系统的活动。

Empatica 系统以数据分析为基础,并且在云端运行,它可以把可穿戴设备上的数据通过用户的智能手机传输到互联网上。通过测量患者的皮肤电流活动并结合日常的运动数据,该系统可以检测出类似癫痫的慢性神经系统疾病的发作,并利用实时的机器学习技术,在必要的时候向一台指定的智能手机发出预警。曼吉纳和博泽隆-曼吉纳在 1996 年进行的研究表明,皮肤表面的电流活动与大脑深处多个不同区域的活动有关,包括杏仁核和海马。而德劳希等人在2015年发表的研究报告指出,如果癫痫发作强烈刺激了杏仁核,这就很可能导致病人停止呼吸。[5]这种监测方案不仅是一种预测抑郁、精神分裂症和痴呆等不良病症的方法,而且是一种拯救生命的方法。

"如果有人能够在一个癫痫病人发作期间或之后去检查一下,那么这个病人的死亡概率就会大大降低,"这家公司的首席科学家罗莎琳德·皮卡德(Rosalind Picard)说,"在某些情况下,呼叫病人的名字或者把他翻过来(这些是温和的刺激)很可能会挽救他们的生命。任何人都可以做到这种可能挽救生命的举动,他们要做的只是去检查一下病人。绝不要让这些病人在癫痫发作后只剩下一个人。"[6]

这个案例可能预示着其他关于医疗保健的预测性技术的到来。为什么不能用类似的系统来预测下一次偏头痛或临床抑郁症的发作呢?这就是智能网向我们展示的未来:预测病症的急性发作,甚至预防慢性神经系统疾病可能造成的最坏结果。

走向融合网阶段

我们已经开始在很多方面建立融合网了。早期的应用已经开始出现。例如，韩国汽车制造商现代汽车最近在亚马逊的 Echo 音箱上添加了一项技术，使用户可以利用现代汽车的 Blue Link 系统远程启动车辆、上锁、解锁，甚至打开车内的空调系统。[7] 就在几年前，这还是一项内置的功能，需要在出厂前预先安装系统，并与遥控器进行硬连接。现在，通过调用 Alexa 的功能，现代汽车已经可以使用无线连接和语音控制来实现这项功能——这是一种更快、更直观的解决方案。

另外，敦豪速递公司和 Smart 汽车公司达成了协议：将 Smart 汽车的智能后备厢作为敦豪公司的一个安全交货点，以便客户用他们的智能手机来收取或者投递包裹。[8] 这种类型的解决方案最终会像补丁一样拼凑在一起，并不断地蔓延开来。随着时间的推移，智能网式思维将使汽车、家用电器、机床、医院设备、HVAC 系统，以及叉车的各种部件变得更加开放、更容易被其他应用访问和调用，并使设计师创造出改变生产力、安全性和可持续性的各种场景。

与此同时，蓬勃发展的创客文化正在培养一群设计师、程序员以及黑客，他们正在用一种大规模并行的方式创造一些非常有意思的新鲜事物。但是他们正在为你工作吗？你的公司有合适的人选吗？

最重要的是，实现融合需要你关注完整的客户体验。在物联网阶段，日常设备的通信功能可以让企业与客户进行直接沟通；在智能网阶段，日常设备可以被调用来完成新的任务；在融合网阶段，客户已经不再关注不同设备之间的边界，相反，他们融入了一种完整的体验。想要建立一种完整的体验，简单地调用客户周围的设备是不够的。每一种可用的资源都必须被利用起来，这包括企业所拥有的所有与设备无关的数据。在一种能够让客户完全融入的购物体验中，企业不仅需要协调各种不同的设备，比如客户的智能手机、附近产品上的 RFID 标签、商店货架上的各种数字商品以及其他类似的东西，而且需要考虑消费者的购物历史、愿望清单、支付方式等多种不同的因素。为了建立这种完整的体验，你必须能够利用所有我们曾经描述过的架构组件，包括可发现性、场景、协调、机器学习，以及合作。

物联网设备的安全防护

融合网给我们的安全和隐私观念带来了更多的新挑战。我们在前面已经提到，互联网域名系统的服务供应商Dyn就曾经遭受过分布式拒绝服务攻击。那次攻击在当时导致了推特和网飞（Netflix）等非常重要的网站的瘫痪，并揭示了互联世界的一个残酷的现实：我们生活在一个充满了各种不安全设备的世界里。想想那些我们从来不认为会连接网络的设备，比如婴儿监视器和各种玩具，如果它们从怀有恶意的第三方那里接收到了对应的代码，那么这些设备就完全有可能变成数字攻击的载体。

这只是一个例子。强生公司的子公司、医疗设备制造商Animas则为我们提供了另一个例子。2016年，这家公司向使用OneTouch Ping胰岛素泵的病人发出了预警，由于胰岛素泵和远程血糖监测仪之间的无线通信缺乏必要的加密措施，黑客很可能会利用这一漏洞来控制相关的设备，并使其为病人注射未经医生核准的剂量的胰岛素，所以这是一个非常危险的漏洞。[9]强生公司在向客户发出警告的同时表示，他们目前还未发现任何试图入侵该设备的情况。2017年2月，一篇新闻报道称，德国联邦网络局（负责德国的电信监管）禁止了Cayla说话娃娃的销售，因为有人担心黑客会利用这种玩具盗取个人信息，而且当孩子们通过这种玩具未经加密的蓝牙连接进行私人通话时，黑客可能会记录这些对话并监听这些孩子。[10]

有些事件导致了更加严重的后果,其中一个案例发生在2015年的乌克兰。在那次事件中,黑客攻击了多个配电中心,使乌克兰的好几个电网陷入了瘫痪。[11]另一个著名的案例是超级工厂病毒(Stuxnet),这种在2010年被首次发现的计算机蠕虫病毒破坏了伊朗核设施的离心机。[12]这次袭击所造成的影响是显而易见的。或许,下一场战争根本不需要一枪一弹。请记住,物联网并不是突然出现的。相反,它正在一步步逼近我们。在过去的很多年里,由计算机控制的工业系统始终存在,我们一直认为这些系统是孤立存在的,但事实上它们并不是。今天的网络-实体世界不仅涉及了发电厂、水坝和电网等大型实体,还涉及了门锁等重要的物品和汽车、火炉等危险的东西。

我们提到这些案例并不是想让人们产生恐慌,或者放弃创新。我们是想让人们意识到这些风险和现实情况。更直白地说,对于这些越来越常见的、互相连接并且能够让人融入其中的东西,我们需要遵守一些最基本的智慧。

1. 预防某些意想不到的后果

桑贾伊是一个DIY家庭自动化的发烧友。在他购买了亚马逊的Echo音箱后,他把家里的门锁和音箱连接在了一起。之后,他养成了一个习惯,每当他想开门让人进来时,他都会透过窗户看向外面,然后大声喊:"Alexa,开门!"直到一个夏天,他意识到一个小偷也可以很容易地透过窗户大喊一声"Alexa,开门",然后大大方方地走入自己的家门。[13]这就是许多我们意想不到的后果之一。随着物联网的成熟和普及,这样的事情一定会出现。融合网的世界也可能产生大量我们意想不到的危害,比如当你的汽车还在车库里时,你无意间发出的语音指令很可能会启动它,这会导致危险的一氧化碳在室内环境中大量积累。对于这样的后果,我们通常需要进行系统化的评估。我们要构建出所有可能的设备状态,然后确保不受用户欢迎的状态无法被轻易唤醒。这样的做法被称为验证(verification),它不仅是半导体芯片逻辑合成的一个研究领域,也是物联网世界中的一个成果丰富的发展领域。

2. 小心"特洛伊木马"

每天,我们都会购买一些设备。这些设备含有硬件、固件以及软件,而这些东西很可能分别来自某些你从来没有听说过的供应商。有些东西来自值得信任的公司或供应商,但不可避免的是,有些东西会来自怀有恶意或者非常不细心的公司和供应商。在物联网时代，我们不能再对硬件、软件和网络服务的供应商抱着一种漠不关心的态度。很快，我们就会寻求建立安全的采购方式，就像我们努力确保假冒的处方药剂不会出现在美国的供应链中一样。正如针对Dyn公司的网络攻击以及其他类似的攻击所表明的那样，我们的设备很可能会被用来对付我们自己，而这些攻击所造成的影响可能是仅仅有些恼人的，也可能是非常具有破坏性的。我们当下主要的防御手段就是保持警惕。

3. 认知防火墙

在计算机网络中，标准的安全措施就是安装防火墙，这是一种根据预设规则监控流量的系统。在融合网的世界里，防火墙是至关重要的，但只有防火墙可能还不够。让我们来看一看下面这个例子。你的妻子打电话给你，并留下了一段语音信息："我有事出去了，给孩子做的饭在微波炉里。吃之前请加热三分钟。"你听出了妻子的声音，所以毫不犹豫地照做了。

现在，让我们再次假设，你的妻子打电话给你并留下了相似的信息，只是她在不经意间把加热时间说成了300分钟。毫无疑问，你对食物和微波炉的特性有所了解，所以你会很自然地直接忽视这个要求。但是，如果接受这个指令的是一台智能微波炉，那么事情又会怎么样呢？它会不会忠实地执行这个指令，持续加热食物5个小时，最后让整个厨房陷入火海？以目前的技术来看，这样的事情是很有可能发生的。现有的系统有一个微波炉的概念模型，但没有现实世界的模型，所以它们没有必要的背景数据来分析这样一个指令的正确性。因此，系统很有可能逐字严格地执行这样一条指令。

密歇根州立大学计算机科学与工程学的助理教授、麻省理工学院物联网训练营的首席讲师乔希·西格尔（Josh Siegel）首先提出了认知防火墙这样一个概念。[14] 认知防火墙能够保护我们免受这种对指令和场景的误解造成的危害。如果一个系统能够应用和模拟一个真实世界的物理模型，能够从过去的事例中汲取教训，并且能够对这个真实的世界和各种指令所造成的后果始终保持警惕，那么这个系统就能使网络–实体世界免受各种有意和无意的伤害。如果某个指令在基于其真实世界模型的情况下是没有意义的，那么系统将会尽责地拒绝执行该指令。想要建立这种水平的机器智能，必然会涉及更加先进的控制理论，比如观察者、预估器、机器学习、统计等，但在你阅读本书的时候，这些理论依然处于发展之中。

第六章　融合网阶段：设备将成为你的体验

云中的碎纸机

正如我们所讨论的,隐私问题更多涉及的是政策和行为,而不是技术。例如,在一个设备之间的实际边界不复存在的融合世界里,数据的所有权应该属于谁?这是一个非常宏大的问题。

通过我们目前采用的隐私保护方式,你完全无法从社交网络中移除自己的数据。你不可能像提取一个PDF(便携式文档格式)文档那样从脸书中取出自己的数据,然后把数据放到另一个新的社交媒体平台上,因为那些数据的所有权属于脸书。实际上,这是很多公司的商业模式:首先让它们的网站具有黏性,然后获取你的数据,这样,它们就拥有了你这个客户。

如果企业想让消费者在这个新的、互联的世界里拥有选择权和控制权,那么它们就不能半途而废。当设备和系统需要进行交互操作时,封闭的数据围墙就行不通了。如果你拥有一辆需要和云端系统通信的汽车,并且你想换一台不同的云服务器,那么你理应有权利提取自己的数据,再把数据转移到另一台服务器上,这就像你可以随时更换打印机的墨盒一样。这种"数据墨盒"的想法目前只是一种想象,但它正在成为现实。人们会要求拥有控制甚至毁掉自己的数据的权利。这就像在云中放置一台碎纸机。

这样的做法肯定会遭到一些企业的抵制，因为这些企业的商业模式依赖于控制客户的部分数据。然而，只要消费者的要求足够强烈，那么所有的反对意见都会是徒劳的。移动电话运营商多年来一直反对携号转网，它们坚持认为如果自己无法通过强迫客户在更改服务供应商时更改号码来留住他们，那么它们的业务就会因此而萎缩并消亡。在 1996 年电信法案生效后，携号转网已经成为现实，而主要移动运营商的业务似乎并没有受到什么影响。

物联网面临的另一个隐私问题与设备针对融合技术的"隐藏"能力有关。在 RFID 世界里，我们开发了 RFID 标签的选择退出机制，企业甚至客户都可以利用"关闭"指令来阻止带有 RFID 标签的物体被读取或追踪。在这样一个崭新的融合世界里，我们或许确实有必要提供一个"隐藏"命令，让任何不想沉浸在响应式传感器、执行器和各种计算组件所构成的迷雾中的人选择退出。他们可以避开咖啡机或恒温器等设备的探测。如果匿名是一项基本的权利，而这项权利又受到了物联网的威胁，那么这就是一个需要我们从现在开始进行探讨的话题。

人类自身需要改变

　　正如你看到的，随着我们周围由技术驱动的环境变得更加直观和敏感——更加像人类——环境本身的复杂性和模糊性将会不断增加。关于这种环境的安全性、实体领域受到的影响，以及可能出现的意想不到的后果，人们也开始隐隐感觉到了威胁和担忧。但是，这样的环境也有数不清的好处。例如，对残障人士来说，物联网是一项非常有用的资产。假肢研究人员在把肌肉中的电信号与假肢连接起来这方面已经取得了很大的进展，最近甚至已经实现了大脑对假肢的直接控制。

　　然而，如果融合网具有实用性，那么它就必须像电影《少数派报告》中呈现的那样简单和易用。系统的界面将会比以往任何时候都更加重要，它可以更流畅、更自然且更容易让人完全融入。只要我们有相应的验证系统和制衡机制，用户就会喜欢这方面的发展成果。

　　这场革命将始于各种按钮。由于我们已经有了基于云的自然语言处理系统，所以我们还可以使用各种语音指令。如果为蓝牙耳机配备定制的电池，使其具有更长的待机时间，那么我们就可以用更简单、更便宜的方式与分布在各处的设备保持连接。显示设备，尤其是 HoloLens 这类可穿戴显示设备，在结合了硅基液晶等技术后，将彻底改变我们看待这个世界的方式。

从满足客户需求到预测客户需求，再到为客户构建体验并在之前根本不存在的领域里创造新市场，每一项演化都为企业带来了一次前所未有的机会。那些在融合网领域引领潮流的企业需要适应这样一个世界，在这个世界中，隐私和对数据的控制将是绝对的权利，企业绝不会因为把客户限制在产品的生态系统或数据的围墙花园中而获得奖励，而是会因为向客户提供选择权并满足他们的需求而获得回报。

融合网与逆向思维

在这一章，我们描绘了一个尚不存在但即将到来的世界。在很多情形下，作为前物联网时代的特征，产品优先的思维模式在这个世界中不仅会过时，而且会变得无关紧要。随着各种互联设备逐渐融合在一起，机器智能也将慢慢浮现出来。在这样的环境中，机器智能会主动学习用户的行为模式以及各种偏好，并且在用户意识到自己的需求之前预先订购某些特定的物品，因此，购买和消费的驱动力也将发生改变。

当然，对于日常需求，消费者会将注意力从获取产品和服务转移到获取并设计体验上。从银行到大学，各种机构客户将把它们的关注点转向融入式环境，因为这样的环境可以让它们节省成本，并提升它们的可持续性、客户满意度和效率。在一种完全实现了逆向思维的经济中，价值的定义是满足你能想到的和没有想到的需求。

关于逆向模式的工程基础以及物联网进化的本质，我们在前面已经给出了不少案例，并且举例说明了实现智能网和融合网所必需的技术。在这本书的最后一部分，我们将介绍这种新的经济现实可能为企业带来的影响。此外，我们将探讨企业应该如何利用物联网、智能网，以及融合网的技术，在采用了逆向思维的互联经济中成功占据一席之地。

第三部分

实践逆向思维

第七章
重塑市场和企业

从物联网到智能网再到融合网，这样一个演化过程所涉及的不仅仅是技术，它更多地体现了当下正在发生的企业演化的三个阶段，即从销售产品到满足需求，再到最后的构建体验。但是实现逆向思维的过程——企业从一个自我限制的、产品优先的领域跨入一个更加广阔的、基于体验的领域——不仅需要企业在物联网领域投入大量资源、认真思考新的商业模式，而且需要你的公司能够真正地脱胎换骨。

想要明白这段话的真正含义，让我们来看一看美国西尔斯公司。

创立于1886年的西尔斯公司曾经主宰了美国的整个零售行业。实际上，早在20世纪60年代，这家公司就已经成了世界上最大的零售商。到了20世纪90年代早期，这家公司的年营业收入已经接近600亿美元。西尔斯公司曾推出了最早的商业互联网公司之一Prodigy，拥有好事达保险公司（Allstate insurance）和迪恩威特证券经纪公司的控股权，并且拥有一个数百万名美国消费者信赖的品牌。[1]然而，到2015年，西尔斯公司的销售收入已经下降到250亿美元，与其2006年的销售额相比下降了50%。到2017年初，这家公司已经损失了一半以上的市值。截至2016年10月，这家公司的债务总额已经是其市值的7倍多，达到了大约6亿美元。

与此同时，从2006年到2015年，在线零售新贵亚马逊公司的销售额从107亿美元上升到了1 070亿美元。

为什么西尔斯公司没有成为像亚马逊那样的零售企业？这家公司拥有全国性的客户群体、足够的现金储备，以及广受信赖的品牌等竞争优势，它为什么还是走到了今天这种无法挽回的衰退地步？对此，长篇大论的答案可能比较适合商学院的研究生课程，而我们会给出一个比较简洁的答案。随着周围的世界不断发生改变，西尔斯公司无法（或者不愿意）做出相应的改变，因为这家公司无法摆脱自格罗弗·克利夫兰当政以来一直支撑着它的商业模式。用逆向思维的话来说，西尔斯公司目前还无法从一家传统企业转变为一家逆向型企业，所以这家公司在面对亚马逊和沃尔玛等极其灵活、以需求为导向并且极具创新精神的竞争对手时，会始终处于下风。显然，在逆向模式中，成功和失败与企业的规模或历史无关。在这里，真正起作用的是另外一些东西。

你已经读过了前面有关商业模式、架构原则，以及将物联网转变为创造融入式体验的发动机的内容。现在，我们已经进入了这本书的最后部分，我们必须回答如下4个关键问题。

1. 传统企业和逆向型企业究竟意味着什么？
2. 逆向思维和物联网会给企业带来哪些影响？
3. 企业及其领导层如何将逆向思维与物联网结合在一起，以构建一幅清晰的前进路线图？
4. 从传统企业转变为逆向型企业的关键步骤是什么？

在回答这些问题之前，让我们首先明确一件事，那就是西尔斯公司的命运只是一个用来警世的故事，而不是定数。然而，在未来的岁月里，企业是否愿意采纳新的商业模式，接受具有颠覆性的崭新愿景，这不仅与企业的发展密切相关，而且关系到企业的生存问题。逆向模式就是这些新商业模式中的一种。至于新的愿景，我们会在后面的章节中讲解。

传统企业和逆向型企业

在这个背景下,传统企业指的是产品优先的企业。这些企业通过生产和销售产品来获得可持续的增长、可预测的赢利能力,以及可观的市值。它们采用的商业模式通常经过了长期考验,涉及设计、制造、包装、市场营销、运输、销售、服务,以及这些步骤的循环。传统企业很可能是一些大型的老牌企业,但创业公司也可以采用传统的商业模式。传统企业通常会把一件事情做得特别好,比如开发和销售办公软件,而且会长时间专注于这件事情。通常,这对传统企业来说已经足够了,然而,事情现在已经发生了根本的改变。

采用了逆向模式的企业往往是行业的颠覆者和背离者,它们通常很精简,更愿意冒险,并且是一些非常年轻的企业或创业公司。然而,采用这种模式的企业并不一定只能是创业公司,因为这种模式和企业规模没有任何关系。从理论上来说,大型的传统企业也可以采用逆向思维的方式来运作。逆向型企业有一个共同点:它们会坚持逆向商业模式。它们会努力满足客户的需求而不是竭力推销自己的产品。在互联经济中,这样一种场景正在快速成型:逆向型企业会从大型的传统企业手中夺取越来越多的市场份额,就像亚马逊公司从西尔斯公司手里不断地抢夺市场份额一样。

我们曾多次与传统企业进行合作,以帮助它们向逆向模式转型,我们也会与创新的逆向型企业展开合作。那些由年轻的创业者运营的初创公司和一些比较年轻的企业,比如那些在共享经济领域中涌现出来的企业,会很自然地倾向于采用逆向模式。颠覆现有的商业模式是这些企业的基因的一部分。从它们展开竞争的方式,到它们与物联网、云计算、移动应用以及其他能够实现逆向模式的技术的适配度,这一切使得逆向商业模式成了一种非常自然的,甚至不可避免的选择。我们在这一章主要关注的是,当面临潜在的被淘汰的风险时,那些大型的老牌传统企业如何通过采纳逆向模式、充分利用物联网的力量,使自己转型成为逆向型企业。

那些灵活的物联网创业公司正在迅速崛起,各种物联网设备大量出现,还有各种企业围绕着这些设备不断涌现出来,这些现象都强烈表明,这种转变已经成了所有企业迫在眉睫的任务。不过,数据提供了更强有力的证明。2014 年,一份由普华永道会计师事务所发布的有关共享经济的报告指出,到 2025 年,在网约车、民宿、金融、人力资源以及流媒体这 5 个重要的共享经济领域里,总营业收入将从那时的 140 亿美元增长到 3 350 亿美元。更具体地看,尽管 2013 年至 2025 年,传统汽车租赁领域的收入预计只有 2% 的增长，但网约共享车领域的收入预计将增长 23%。传统 DVD 租赁领域的收入将下降 5%，但流媒体娱乐领域的收入将上升 17%。[2]

共享经济领域的收入增长绝不是凭空而来的，之所以会发生这种情况，是因为那些灵活的逆向型高科技企业正不断地从 Hertz 租车和 Redbox（DVD 租赁）等传统公司的手中夺取更多的市场份额。从重工业到航空航天，再到零售业，当你将同样的市场机制扩展到市场的每一个领域时，你就能看到未来 20 年可能会对那些无法适应互联世界的传统企业造成什么样的影响。

然而，我们非常看好传统企业的适应能力。相较于那些更小、更精简的物联网领域内的竞争对手，传统企业已经拥有了至关重要的优势。它们也是相关领域的参与者，而且它们绝大部分的营业收入同样来自这些领域。它们不仅拥有市场份额，而且拥有成熟的客户关系。另外，它们还拥有规模优势、各种资源和有经验的人才，以及成熟的供应链和销售渠道。更重要的是，它们或许还拥有通畅的融资渠道。很多传统企业无法向逆向模式转型，与物质上的原因并没有太大关系。

那么，为什么还有如此多的企业无法避免日渐僵化、脱离现实、人心懒散，并最终走向破产的深渊呢？我们认为这是以下三个基本障碍造成的。

1. 这些企业只能看到它们当下的状况，却没有能力预见它们在将来可能会发展成什么样子，这实际上是一种思维的惯性。
2. 对于向逆向模式和需求优先的范式转型，企业感到困惑和恐惧。
3. 变革阻力。

总的来说，我们在商业和技术领域中工作了数十年，并且是技术和创新领域的积极参与者。我们帮助创建了 RFID 产业和物联网。我们曾经看到很多强大的老牌企业错失了机会，因为它们并不认为自己的传统优势可以让它们在转型为基于需求的逆向型企业后，仍然在竞争中占据主导地位。

想想 Nest 公司和典型的公用事业公司。公用事业公司早就已经和每家每户建立了直接的连接，那么为什么它们之中没有一家公司曾经想到过提供一种类似 Nest 恒温器的设备，将人们的家连接起来呢？谁能比向每家每户输送电力的公用事业公司更了解家庭的能源使用状况呢？正如我们知道的，那些需要人工读取数据的电表实际上在很早以前就已经连接在了一起——电表和电网本身是智能的、连接到互联网的。然而，绝大多数试图实施"智能电表"策略的公用事业公司仍然处于摸索阶段。比如，向加州北部和中部供电的太平洋天然气和电气公司就曾经承诺，在 2009 年开始实施测试互联网电表的试点项目时，所有客户都将享受更低的电价。但实际发生的事情正好相反，很多客户的电表读数和账单费用都上涨了。这使得其他州的公用事业公司在推进智能电网的项目时，都格外谨慎。[3] 直到过去几年，公用事业公司才成功地安装了大量的智能电表。到 2015 年，美国有 6 400 万个客户安装了智能电表。[4]

Nest 公司做到了这些公司没能做到的事情。在谷歌买下了 Nest 实验室后，它成了智能互联公用事业领域的领先者。这一切是如何发生的呢？当逆向思维模式主导了一家拥有各种优势的传统公司时，这一切自然就会发生。

以民宿行业为例，什么样的大型企业会拥有关于房屋现状、大小以及安全特性的大型数据库呢？毫无疑问，保险公司拥有这样的数据库，而且它们是这颗星球上最大的企业之一。那么，为什么旅行者保险公司（Travelers）、利宝相互保险公司（Liberty Mutual）、安联保险集团（Allianz）或其他的保险业巨头没有利用它们已经拥有的数据和客户对它们的信任，来创立一家像爱彼迎这样的企业呢？这是因为，这些公司担心这种做法会侵蚀它们原来的业务，所以它们选择在现有商业模式的范围内思考问题。

不过，逆向思维并不会局限于创业公司。在物联网互联世界的众多垂直市场中，如果你正在运营一家大型的传统企业，那么你能够（也应该）成为一个重要的参与者、一个创新和增长的推动者，甚至一个颠覆者。唯一有可能阻止你的，只有你自己的思维方式。

对企业来说，逆向思维和物联网会带来什么样的影响呢？从好的方面来说，这是生存和繁荣与失去机会之间的博弈。你可以成为亚马逊、爱彼迎还有网飞，你也可以成为柯达、黑莓或者诺基亚。让我们来看看如何成为成功者。马克·戈林（Marc Gorlin）接到了一个装修工人给他打来的电话，这个工人正在他位于佛罗里达州珀迪多基市的公寓里为他装修。一些他原本打算铺设在卫生间里的瓷砖在运输过程中被打碎了，而如果从亚拉巴马州的伯明翰市重新运来新的瓷砖，这不仅需要等待数天的时间，而且需要支付额外的运费。戈林是一个连续创业者，也是网上借贷公司 Kabbage 的联合创始人，他想到的是，当下或许正好有一个人要驾车离开伯明翰市并前往珀迪多基市，而这个人肯定不会介意多拉一箱瓷砖，然后赚点儿外快。这一刹那的灵感推动了 Roadie 这家创业公司的出现。

戈林创立 Roadie 的目的是利用巨大的、未被开发的货运能力。这家公司在刚启动的时候获得了来自 UPS 战略企业基金、TomorrowVentures（明日资本），以及梅隆集团的总额达到了1 000万美元的风险投资。⁵这家公司在初期将注意力集中在了大学生身上，因为大学生的流动性更强，更渴望获得额外的收入，并且更容易接纳各种新的技术。现在，这家公司已经开始颠覆具有900亿美元市场价值的美国运输行业。

在拥有了超过25 000名注册司机后，Roadie公司充分利用了智能手机App的优势。通过App，司机可以上传他们的目的地，客户也可以上传他们的目的地、需要运送的物品，以及物品的尺寸等信息，系统将为他们进行匹配。寄件人可以指定或根据系统选项选择交货时间；他们不需要打包东西，而运送费用将和物品的尺寸有关。Roadie公司将自动购买保险，客户可以通过App实时追踪整个运货过程，司机们（通过Roadie公司）可以获得在途折扣以及各种支持。基于戈林的愿景，Roadie公司正在把一种早就存在的资源转变为一个市场。

逆向模式转型路线图

想要成功地实现从传统模式到逆向模式的转型，企业需要做些什么呢？在深入探讨本书推荐的步骤之前，我们需要具体说明一些事情，这些事情对一些人来说或许很浅显，但其他人并不一定能够了解。

事实上，每一家从传统模式向逆向模式转型的传统企业都会花费大量的时间同时运营这两种模式。换句话说，从传统模式到逆向模式的转变是一个逐步演化的过程，而不是在很短的时间里突然放弃现有的业务线和客户的过程。

想要让企业在其传统的核心竞争力的范围之外冒险，你必须首先让企业拥有某种可以持续为其带来营业收入并支付相关费用的产品。例如，著名玻璃制造商康宁公司将它的关注点转向了智能玻璃。这可以说是一项物联网专用技术，它可以将各种表面转换成功能性触摸屏。然而，这家公司同时在为通信行业制造光缆和电缆等多种不同的传统产品，因为这些产品仍然可以为它带来大量利润。向逆向模式转型并不意味着完全放弃现有的业务，你只要转变关注的焦点就足够了。

比如，康宁公司生产了"大猩猩玻璃"，苹果公司将其用作早期iPhone的显示屏。正因为这一点，康宁公司有了采用逆向思维的内在动力。相关人员开始思考如何满足苹果对更轻、更耐磨的显示屏的需求，而不再只是简单地推销自己的产品。但是，传统的思维方式最终还是占了上风，康宁公司没有继续创新并向客户提供额外的价值，所以苹果公司决定向GT

Advanced 技术公司采购蓝宝石屏幕。然而，即便你已经走错了一步，你依然可以通过逆向思维进行自我纠正。当康宁公司推出"大猩猩玻璃5代"这种比之前更薄、更耐磨的产品时，它又重新赢得了苹果的订单。

让我们来看一看，是什么让一家逆向型企业得以运作起来。我们将一步步地向你展示传统企业应该遵循什么样的过程，才能有效地向逆向型企业转型。当然，我们必须明白，企业在转型的过程中很可能会同时运营两种不同的模式，这种情况可能长达数年，甚至数十年。只要你在逆向互联的世界里始终是一个积极的参与者，从而能够在需求优先的经济中获得一席之地，那么你就完全可以同时运营这两种不同的模式。

逆向模式的转型路线图

1. 找到一条能够从产品优先模式转变为需求优先模式的业务线。在考虑你可以销售的产品之前，首先找出你有能力满足的客户需求领域。
2. 把你的公司重塑为逆向模式世界中的参与者。采用一种产品发布和学习同步进行的方式，在失败的过程中不断创新。

3. 获取你所需要的人才。公开招聘你所需要的人才，而不是简单地通过收购相关企业来获得你所需要的人才。

4. 拥抱"黑客思维方式"。对产品的再设计和逆向工程保持开放的态度，并通过主动展示产品的内部使产品变得更好。

5. 通过物联网在现有产品上添加新的"层次"，来寻找新的机会。利用类似 RFID 的解决方案，寻找将非互联产品添加到互联世界中的方式。

6. 在利用传统企业资产的时候，像创业公司那样思考。培养创造力、颠覆能力，以及快速行动的能力。

7. 在发布产品的同时学习，在测试中不断进化。快速迭代，并从失败中汲取教训。

8. 不要热衷于收购，要进行创新。让你的员工自由创造新的解决方案。你没有办法通过收购转型为

> 逆向型企业。
>
> 9. 更早、更频繁地在逆向思维的世界中进行尝试。要敢于冒险,不要担心失败,你只需要关注你学到了什么。
>
> 10. 改变客户对你的看法。与客户沟通你的新发展方向,他们长期以来所形成的对你的看法不会自己改变。
>
> 11. 提出这样一个问题:"我们如何参与到逆向模式的体验型经济中?"不要问你能制造什么或销售什么,你更应该关注的是如何创造新的体验。

第一步,找到一条能够从产品优先模式转变为需求优先模式的业务线。

企业往往会花费绝大多数时间开发同一款产品的迭代版本,这样的做法实际上阻碍了企业超越制造这款产品所依赖的商业模式,而且使它们无法看得更长远。但公平地来说,正是这种做法使得大型企业可以成功地开发出众多质量上乘且非常可靠的产品,包括能够持续工作数十年、几乎不会发生任何故障的家电产品。

然而，对计算机、软件、操作系统，以及数据库等产品的制造商来说，尽管这样的做法可以使它们在自己所处的领域里维持重要的地位，但这也阻止了它们在各自的领域之外构建自己的影响力。

这只是第一步，任何企业在向逆向模式转型时，都必须思考自己的未来，即使这种未来看上去与现在截然不同，并且让人感到很不安。你可以做些什么？利用物联网技术，你可以满足什么样的需求并将其转换为你的营业收入来源？说实话，没有什么是不可能的，但在你脚踏实地地去做一件事情之前，任何事都是不可能的。你想让你的公司在20年后变成什么样子呢？

第二步，把你的公司重塑为逆向模式世界中的参与者。

在把不可能的事情转变成现实的过程中，你会遇到很多失败的节点，或者我们更愿意将其称为成功的节点。如果你在勇敢追求创新的过程中遭遇了一连串的失败，那么这样的经历常常会导致各种发现和新创意的出现，并最终促使你获得成功。当这一切出现时，你需要把它们当作突破常规的机会。这样的做法不仅是可取的，而且风险和失败实际上还可以提升一个企业的信誉，只要它能够迅速转向其他同样大胆的产品。

一个例子就是亚马逊的 Fire 平板电脑，这款产品在 2014 年隆重登场时被视作 iPad 的竞争对手，但它很快就凄惨地离场了。然而，在这款产品经历了彻头彻尾的失败后，亚马逊并没有放弃，因为这不是杰夫·贝佐斯的行事风格。相反，亚马逊立刻推出了 Echo 音箱（以及人工智能 Alexa），这款产品不仅改变了整个市场的生态，而且创造了一种全新的客户词汇表和家庭体验。

这一切绝非偶然。这样的事情之所以会发生，是因为亚马逊和它的 CEO 贝佐斯明白，失败和创新始终是相辅相成的。通过在市场上重新推出一个全新的、需求优先的解决方案，该公司强化了自己作为大胆的创意孵化器的形象。如果它把 Fire 的失败看作今后数年不再创新的理由，并躲在一边默默自我安慰，那么某个人很可能会抢先一步推出类似 Echo 音箱的产品。亚马逊的文化及其对自己从失败中恢复过来的信心，使它可以在 Fire 这样的产品上大举下注，然后在这款新产品失败后立刻转向下一个新创意。那么，你如何建立一种不害怕失败和失败后的惩罚，而是将失败当作通向下一件大事的跳板的企业文化呢？

第三步，获取你所需要的人才。

当你开始突破界限的时候，公司内部很可能没有足够的人才帮助你达成目标。这实际上是一次为公司招募人才的机会，你不应该简单地通过收购一家很可能与你现在的业务发生冲突的企业来解决这个问题，或者对自己说"我想我们或许不应该踏入那个领域"。

在逆向模式的世界里，人才可以有很多种不同的来源，甚至可以来自很多不同的地区。当然，那些你随处可见的、正在为你完成任务的承包商也可能为你提供人才。这里的关键是，用一种敏捷、灵活、开放、合作的方式，充分利用最好的人才为你当下的需求服务，而不一定要让这些人才成为你雇员名单上的一员。

第四步，拥抱"黑客思维方式"。

在逆向模式的世界里，黑客的思维方式是很普遍且完全可接受的。那么，什么是黑客的思维方式呢？这是一种态度，即所有的东西都可以进行逆向工程，它们可以被拆开来，然后用一种新的、更好的方式重新组合起来。这种思维不仅敏捷，而且在获得结果的过程中更关注速度，而不是完美。这种思维方式不仅可以让逆向型企业以更快的速度引入新产品，而且可以帮助它们以更快的步伐进行演化。

第五步，通过物联网在现有产品上添加新的"层次"，来寻找新的机会。

这一步常常会让企业产生很多顾虑，因为这样做会让它们偏离自己的核心业务,而它们在这些核心业务上花费了数十年的时间来不断对其进行完善,更何况这些业务还为它们带来了很多利润。现在,这个过程需要充分利用现有的、利润丰厚的业务线以及它们的客户,以便它们在这些业务线上叠加相关的物联网解决方案,而这个策略可以为它们带来不可思议的增长。苹果公司之所以能够成长为这个世界上最具价值的企业,正是得益于这样一个过程。苹果原本只是一家计算机公司,然后它决定去颠覆传统的音乐行业,接着它进入了手机行业,后来它又凭空创造了一个平板电脑的市场,现在,它正在重塑可穿戴设备。这一切都源自它当初决定踏出自己的核心竞争领域。有时候,它进入的市场甚至已经偏离了它的核心领域,并且市场中有很多极其强大的老牌企业,但它依然能够通过寻找满足客户需求的大胆的创新方式来颠覆那些市场。

建立在产品优先模式上的稳定的收入流所引起的自满对很多企业来说实际上是一个陷阱。换句话说,在逆向型互联经济中,扼杀收入来源的最快方式就是紧紧抓住现有收入来源不放。

如果你坚持传统的商业模式,那么你确实有可能在很长一段时间里赚到不少的钱,但是,一家能够向客户提供更多选择权、更多控制权,以及更多有益体验的逆向型企业最终会取代你。坚持传统的商业模式只是一个选项,但这不是必不可少的选项。实际上，任何企业都可以向逆向模式转型。

第六步，在利用传统企业资产的时候，像创业公司那样思考。

我们曾经读到过很多有关创业公司的故事，它们往往具有颠覆性的、能够改变世界的创意。传统企业拥有所有向逆向模式转型所需要的资源，而且它们的规模更大。那么，它们为什么没有这样做？为什么亚马逊公司是无人机应用领域的领先参与者？为什么航空公司不进行创新并积极参与到无人机运送货物、汽车，甚至乘客等领域中？为什么它们不率先建立一家无人机航空公司？

如果达美航空仅仅把自己看作一家航空公司，那么它只能在行业原有的界限内发展。但是如果它把整个天空看作自己的业务范围，并且不仅仅关注和飞机有关的业务，那么它就会拥有很多可能性。所有航空公司在联邦航空管理局、飞机的操控、飞行安全、航空和航天工程等方面都拥有非常丰富的知识。如果未来世界的天空被分成了多个层面，使无人驾驶的飞行器、无人机以及有人驾驶的飞机可以在同一片天空下互相不受干扰地飞行，那么谁会比航空公司更有可能赢得这样一个庞大的市场呢？为什么我们会认为只有埃隆·马斯克才有能力思考这一类事情呢？

第七章 重塑市场和企业

在另一个例子中，Terrafugia、AeroMobil等公司以及空客公司的Vahana项目都推出了它们自己的飞行汽车的原型机。[6]但是，为什么通用汽车公司和大众汽车公司都没能率先做到这一点呢？2017年2月，一家名叫"亿航智能"的中国创业公司宣布，它将在迪拜测试世界上首次载客无人机服务[7]，为什么联合航空公司没能率先做到这一点呢？

让我们再把目光放在Hyperloop和铁路行业上。Hyperloop是马斯克的太空探索公司SpaceX的创意，它是一种高速交通系统，可以推动一个悬浮在气垫上的豆荚状车厢，以每小时500英里或以上的速度驶过通道。虽然这个创意目前还处于概念阶段，但为什么它是由一个生产汽车的人提出来的呢？美国铁路公司创立了阿西乐铁路快线，这条线路连接了波士顿、纽约和华盛顿特区。对这家公司来说，这就是它的逆向版解决方案，但马斯克随后向它展示了什么才是真正的逆向版解决方案。

这就是传统企业和逆向型企业的区别。在这里，我们想阐述的关键是，一家成功的传统企业不仅可以充分利用其专长和知识，像逆向型企业那样去参与竞争，而且可以在该领域中占据领先地位。你根本没有必要一切从头开始，或者被所谓的敏捷型创业公司吓倒，但前提是你要真正把自己看作一个逆向型世界中的积极参与者。

第七步，在发布产品的同时学习，在测试中不断进化。

成功的路线图是测试新产品，然后把产品推向市场，再从失败中汲取教训，反复迭代并快速演化。这样的过程往往是在用户甚至根本没有意识到产品和服务正在演化的情况下完成的。例如，来福车最近在其共享乘车App中加入了一项新功能，即将零钱四舍五入后进行募捐。乘客可以选择将车费四舍五入为一个整数，然后将额外的现金捐给慈善机构。来福车的客户根本看不到这个功能的开发过程，它只是在乘客某天乘车到达目的地的时候出现在了App上面，用户必须激活这项功能才能使用它。

软件的不断升级引发的解决方案的演化对逆向型企业来说是一种独特的挑战。它们必须努力将新的功能和价值传递给客户，并且需要通过多种不同的途径让客户明白其中的创新。你绝不会无视送达的邮包，但你很容易忽视软件的无缝升级。

第八步，不要热衷于收购，要进行创新。

你没有办法通过收购使自己转型为逆向型企业。我们并不是完全反对你收购其他企业，而是说你应该基于正确的理由进行收购。收购可以让你获得有用的技术和新的人才，但是收购不会、也不应该转变你的企业文化或者你对自己使命的看法。

与其试图通过收购来促使企业完成转型，还不如重新整理一下你的"高风险"项目文件，找出3~5个与你现在的业务完全不同的新项目。你要真心实意地投入成本，不要把这些创意看作个人爱好，而是要进行长期投资，以便找到方法让这些项目转变成你的产品。开发一种新的架构，制造出原型产品，然后看着这些原型走向失败，再制造出更多的原型，这或许是一种常态。

有太多大型技术公司把研发看作知识产权的来源。它们把研发结果锁在保险箱里，然后把钥匙丢在一边。它们只有在准备把保险箱里的东西当作知识产权投资组合进行出售时，才会把东西再拿出来。它们从来没有想过实际应用这些技术，这使得这个世界失去了一些不可思议的技术进步。例如，就在我们撰写这本书的时候，IBM研究机构的物理学家研发出了一种之前被认为不可能形成的三角形分子，这种分子对于量子计算非常重要。量子计算是一种实验类型的计算方式。如果可行，人类将能够利用叠加等量子力学态来进行计算，这种计算方式的速度远远超过今天最快的基于晶体管的计算机。[8] 想象一下，如果人们能够很快地测试类似的发现，制造出相应的原型机，并最终实现其产品化，那么这个世界又会发生什么呢？

很多传统企业大肆吹嘘它们在研发上投入了数十亿美元的资金，但这样的说法实际上是一种误导。那些资金的很大一部分都花在了对现有产品的增量型改进上，这对于产生持续的营业收入是必要的。持续的营业收入能够支持逆向模式所要求的往往风险很大的投入。在测试某种逆向商业模式的同时，企业通常还要维持原来的传统商业模式，这就需要它们能够平行推进两种不同的商业模式。然而，在整个企业向逆向商业模式转型的过程中，你不能因为现有的维持传统现金流的业务部门产生自满的情绪。这样的情绪只会让转型走向失败，因为在你真正意识到这一点之前，你实际上已经全线撤退了，而其他人正在利用本该属于你的机会。

第九步，更早、更频繁地在逆向思维的世界中进行尝试。

传统企业的领导者往往会远离各种冒险行为，他们会使用"股东利益"这样的词语来避开任何冒险性决策带来的后果，所以没有人认为他们会冒险进入新的领域，他们自己甚至也这样认为。在埃隆·马斯克发表了关于 Hyperloop 的设想后，大家都这样说："这实在是太棒了，它将是如何运行的呢？"但如果美国铁路公司举办一个新闻发布会，并宣称"我们计划建立一种新的系统，可以在 6 个小时内把乘客从波士顿送到西雅图"，那么没有人知道该如何做出反应，因为这样的事情根本不会发生。事实上，没有什么能阻止传统企业大力投资一些项目，它们有数十亿美元的现金，有足够的资源和客户基数，这一切是那些小型技术公司根本无法企及的。那么它们为什么不这样做呢？

努力从排放丑闻中恢复过来的大众汽车公司进行了一次很大胆的尝试。这家德国汽车制造商推出了 Moia，这是一家只有 50 名员工的创业公司，这家公司提供的是基于物联网的搭乘呼叫服务，旨在和宝马公司推出的共享乘车服务平台 ReachNow 竞争，后者的服务模式完全模仿了 Zipcar 公司，它可以让客户根据自己的需要租借宝马公司的车辆。大众汽车的这家独立子公司在刚被推出时的短期目标是，开发出一种人们能够支付得起的搭乘呼叫服务，并建立一个基于物联网的拼车服务平台。你也可以把这种服务称为"互联通勤服务"。[9] 这是一个非常大胆的想法。

不采取大胆的行动变成了一种群体思维，一种自我实现的预言。公司的领导者担心他们会显得很绝望，他们的信誉会受到损害，公司的股价会暴跌，或者这种大胆的举动会失败。然而，有一个很简单的方程式是，你不尝试＝你永远没有赢的机会。

第十步，改变客户对你的看法。

在传统商业模式中，企业需要首先扩展客户群体，在这些客户心中建立一个确定的形象，再努力地留住这些客户。但是在逆向模式的世界里,你需要改变客户对你以及你所拥有的各种能力的看法。随着你从传统模式向逆向模式转型,你将要挑战客户对你的公司及其具体定位的先入为主的印象。

一旦决定了你在逆向型经济中扮演的角色,以及你对未来的构想,你就需要开始管理你的公司在客户面前的形象。你需要和客户沟通你的计划,向他们保证你不会突然放弃他们依赖的产品。你还需要向他们推销你的想法,和他们建立合作伙伴关系。这样,你不仅可以满足他们的需求,而且可以让他们对自己的体验拥有更多的控制权。

为了实现从传统模式到逆向模式的转型,你必须完成思维方式上的功能性转变,并不是所有的企业都能够管理好这种认识方面的巨大转变。为什么那些老牌硬件公司无法创立云存储业务,而正在运营这项业务的创业公司最后在市值上超越了它们?为什么那些老牌运输公司拥有更大的市场、更多的客户,以及更庞大的现金流,却没有看到利用私人车辆进行本地运输的潜力,并创立它们自己的共享经济运输企业呢?逃脱惯性思维的框架是一件很困难的事情,想要做到这一点,你不仅需要以一种全新的方式来看待你的企业,而且应该帮助你的客户这样做。

第十一步,提出这样一个问题:"我们如何参与到逆向模式的体验型经济中？"

传统的问题总是这样的："我们如何制造出那样的产品？"现在，除了将其他系统连接在一起的体系架构之外，我们已经可以不再设计任何新的产品了。

提供搭乘呼叫服务的企业并没有自己设计GPS系统，它们也不设计汽车，甚至不雇用任何司机。但是，它们会具体安排并构建一个环境。在这个环境中，它们会整合各种资源，然后实现把人或包裹从A点运送到B点的目标。在爱彼迎的案例中，它整合了固定资产和人。逆向型企业必定是协调和指挥的大师。

在互联的逆向型世界里，企业参与市场的方式成了一个相当重要的问题。让我们首先来解构一个问题："我们应该如何参与到那个领域中？"

- 如何：我们应该采用什么样的策略（而不是我们应该制造什么样的东西）？
- 参与：我们如何积极地参与并成为该领域的领导者？
- 那个领域：在互联世界中，那个领域的未来是什么样的？

在明白了这个问题以后，接下来的问题就相应地发生了改变。我们应该引入什么样的人才？哪些资产是我们早就拥有并且可以利用的？我们如何找到其他能够帮助我们的参与者？现在，你不会再向创业公司投降，也不会再开发专有系统，而是会组装智能系统。想要在逆向型世界里最终胜出，需要的是灵活的安排，而不是制造另一款昂贵的产品。换句话说，你需要从制造转型为组装，从开发技术转型为整合资源。

多维度的演化

如果你决定不再束缚你的员工，并开放各种资源，那么请你一定要坚持下去。当你的公司最终转型为一家基于需求的企业时，它会同时在多个维度上快速演化。需求在不断改变，这会促使你做出相应的改变来满足它们。最终，你的公司会演变成一家基于体验的企业。消费品公司、银行、保险公司以及各种服务型企业都会试图理解客户想要的体验，并据此进行演化。客户的期望是推动这一切的力量。

继续做一家独一无二的传统型企业，并把产品送到不同的渠道中，这种做法已经不再可行了。今天，那些能够理解、塑造并策划客户体验的企业才有可能主导世界的经济。例如，化妆品公司通常是价值数十亿美元的集团企业。以前，它们的日常运营活动包括开发新的产品、开展大规模的品牌推广活动，以及通过零售渠道销售产品。但现在，这些公司在苦苦挣扎，因为它们无法了解客户的实时需求。在过去，它们解决这个问题的方式是用成千上万种不同的产品淹没整个市场。

但我们现在有了欧莱雅公司，它之前是一家生产护发素、洗发水以及各种染发产品的传统公司。现在，这家公司正在销售智能梳子，这把梳子利用多种传感器和云计算来分析用户头发的纹理和湿度，然后向用户推荐特定的产品来改善用户头发的状况。这是一家在一个非常传统的市场中运营的传统企业，其愿景是在日常运营的过程中重新构想并重塑自己，即便它仍然是一家传统企业。这就是逆向模式。（我们将通过第八章的对话更深入地探讨欧莱雅的愿景。）

首席逆向模式架构师

无论企业的规模和体量如何，如果你想从传统的运营模式向逆向模式转型，那么你需要在公司里设立一个新的职位：首席逆向模式架构师。CTO（首席技术官）这个职位至今已经存在数十年了。在2005年左右，很多企业又设立了CINO（首席创新官）这个岗位，这两个岗位在物联网世界里都非常重要。CTO 的工作主要集中在识别能够更好地服务于企业使命的技术，然后再想办法获得这种技术；而 CINO 的工作是仔细研究各种趋势，判断哪种趋势与企业的使命一致，然后投入各种资源在相应的领域开发新的解决方案。

然而，CTO 或 CINO 不负责质疑企业自身的使命，而这就是首席逆向模式架构师需要完成的任务。这个岗位的工作内容是判断企业是否有必要向逆向模式转型，并具体负责传统企业从产品优先模式向逆向模式转型的整个过程。另外，这个岗位还需要克服一种由外至内的观点，即创新和颠覆性愿景可以通过对外收购来实现。尽管微软公司已经开始向逆向模式转型，但这家公司还是成了这种心态的牺牲品。它当初收购了 Skype 和领英这两家公司，而它们到目前为止还只是微软公司的卫星企业，并且和微软公司转型为一家以需求为导向、以体验为导向的企业几乎没有任何关系。

首席逆向模式架构师的第一个任务是在企业内部支持并指导真正的转型，因为他们把转型看作企业生存下去的关键。他们的眼光应该超越企业现有业务的限制，并且完全不介意颠覆这项业务。他们甚至会走得更远，去创造一种具有颠覆性的企业文化。[10] 那么，企业现有业务的前沿是什么？它们正在发生怎样的变化？企业当下的定位和使命是否仍然有意义？它们是否正在限制企业满足那些尚未被满足的需求的能力？例如，特斯拉最初也许想通过制造更好的电动汽车来颠覆整个汽车行业，不过现在，埃隆·马斯克显然把特斯拉公司看作一家电力公司。这种自我概念的转变为特斯拉公司打开了一个全新的庞大市场。在这个市场中，特斯拉是一个积极的参与者。

首席逆向模式架构师的第二个任务是确定企业在向逆向模式转型的过程中应该采取什么样的步骤。进行这类短期或长期战略的思考意味着能够胜任这个职位的人需要对互联网、物联网、软件开发、经济学、组织管理学，以及产品开发等相当多的学科有很深的了解。首席逆向模式架构师还需要对企业文化、创新的潜在限制，以及企业完成转型的方式有一个非常清晰的理解。我们将会在第九章更深入地探讨这些内容。

想要把一种逆向战略转变为一条可以产生营业收入的业务线，你需要决定资源和人力的分配并制订相关的计划，这就是首席逆向模式架构师的第三个任务。公司里需要添加些什么？应该停止或取消哪个部门、哪条产品线或哪个倡议？首席逆向模式架构师还需要构建运营、财务以及技术方面的路线图，以指导企业的演化并创造新的商业机会。

这并不意味着每一家公司都必须雇用一位新的 C 字母打头的主管来指导它们向逆向模式转型。我们知道，很多公司并不愿意创立一个新的以技术为导向的部门，或者在 CTO、CIO、CSO（首席安全官）以及 CINO 之外再设立一个新的 C 字母打头的职位，因为所有 C 字母打头的主管都很可能参与到类似逆向模式的战略计划中。相比之下，因为逆向模式从根本上涉及了企业的愿景，所以公司里的 CTO、CINO 或另外某个专业人士也很有可能可以承担起这个岗位的责任。当然，前提是他们的眼光能够超越企业当下的使命，并看到企业的未来。无论首席逆向模式架构师是一个新人还是企业现有的某位主管，真正重要的是这个人要有能力想象出需求优先的经济中可能发生的事情。

明确关注的焦点

在之前的章节中，我们解释了各种设备的演化过程，从连接网络到相互连接，再到提供融入式体验。现在，与你的企业拥有同样愿景的每一个人（不仅仅是你的首席逆向模式架构师），从 CEO、CTO 到 CINO，再到工程师和设计师，所有人都需要回答这样一个问题：你的企业正处在转型过程中的哪一步？当你开始探索逆向型企业可能遇到的风险以及相应的回报时，你拥有的技术、专业知识、创造力和市场能够让你在哪些领域里具有一定的竞争力？

你是否已经在物联网领域站稳了脚跟，拥有了可以装备各种传感器和执行器，并且可以把这些组件转变为有用的数据来源的设备？你是否拥有了在智能网阶段开展工作所必须具备的软件工程师能力，以便利用 App 调用硬件设备，在新的领域创造价值？在拥有了可以提供无缝、直观的体验的技术后，你是否敢大胆地迈入融合网阶段？

今天，资源、想象力以及各种机遇会在哪里发生碰撞？

成为远见者

这些步骤代表了一种有效的过程，但说实话，仅仅了解这些是不够的。对那些渴望创新的企业领导者来说，他们面临的最大障碍往往是他们自己。你必须知道如何摆脱原来的思维方式。我们对自己的能力往往有非常明确的预期，所以我们经常会无意识地限制自己的视野和创造力，并且把那些似乎没有这种限制的人奉若神明。

我们都有成为远见者的潜力。远见者和正在运营一家成功的传统企业的 CEO 的主要区别是，他有勇气去寻找一个他可以积极参与的全新领域，并接受这种做法可能存在一定的风险而且需要付出很多。对我们其他人来说，正是我们自己设定的限制阻止了我们这样做。这本书的目的就是在这个逆向型的互联世界里释放传统企业本身就具有的强大优势。当这一切真的实现时，创新的速度就会飙升。

我们以谷歌为例，它原本是一家软件公司、一家网络搜索公司和一家地图公司。从任何角度来看，它都不是一家研发自动驾驶汽车的公司，但现在，它已经是这一领域的积极参与者了。首先，它在 2009 年推出了几款汽车，并把它们放在大学校园里供人拍照，接着它开始在大街上进行测试。在几年以后，谷歌为它的自动驾驶汽车项目成立了 Waymo 公司。现在，这家软件和网络搜索公司在一个几年前甚至不存在的领域里成了一股非常重要的创新力量。难道本田汽车公司或福特汽车公司都做不到这些吗？事实上，它们完全可以做到这一切。

逆向模式的关键在于对自身的定义

逆向模式是一种思维方式，它涉及的是你定义企业的方式。如果你依据某一件产品来定义你的公司，比如仓储公司、铁路公司，那么你从一开始就限制了自己的潜力以及你会参与的领域。现在，是时候开始训练自己用不同的方式进行思考了。逆向模式对小型企业、中型企业、大型企业或传统企业、创业公司都完全有效。那么，你该如何向逆向模式转型，满足客户的需求并进行创新呢？你可以不断地尝试，如果你尝试的东西失败了，那么你就承认自己的失败。你可以从头再来，不断地迭代并继续投入。这并不是靠一次投入就能够成功的游戏。无论有多么出色，你不可能只靠某一项创意就成功地从传统的西尔斯公司转型为采取逆向模式的亚马逊。你需要一步一个脚印。

总的来说，Hyperloop 可能并不是运输业最好的解决方案，真正的解决方案也许是无人机。或许在经过了多次尝试后，你逐渐明白飞行要远优于铁路，而且 Hyperloop 所需要的基建成本实在是太高了，所以我们很可能会有另外的答案，只是目前还没有人想到而已。所有这一切都需要你提出这样的问题："假如我们这样做，最终会有什么样的结果？"

我们在世界各地众多不同的垂直领域中有数十年的工作经验，我们认为，传统企业不仅可以在逆向模式的世界里扮演重要的角色，而且可以主导这个世界。传统企业不仅有经验和专业技能，而且有资源和人才，它们缺乏的只是一种思维范式。亚马逊并不畏惧失败，那么你为什么要如此畏惧呢？

我们相信，所有传统企业都可以向逆向模式转型，我们在这本书里收集了一些案例，你可以在下一章具体读到这些案例。这种转变是大企业和创业公司进行谨慎互动后的结果，这是技术发展史上最激动人心的时刻。但是，这种情况只有在传统企业开始向逆向模式转变时才有可能发生。

所以，请谨慎地开展合作，成为一个积极的参与者，并创造一个互联的世界吧！

第八章
与逆向模式实践者的对话

在这一章,我们会分享一些我们对大公司的采访。在物联网的推动下,这些大公司正在引领整个行业向逆向模式转型。其中有些是面向消费者的企业,为了在需求优先的基础上运营,这些公司正在明确地重组各自的业务领域。其他的一些公司正在充分利用物联网来更好地满足客户当下的需求。还有一些公司正在开发和建设必要的基础设施,以帮助其他公司更有效地实践逆向模式。

以下是一些关于这些采访的补充说明。

- 所有的内容都来自现场采访和电话会议的原始素材。
- 为了确保内容清晰明了,我们稍稍进行了编辑。

- 我们特意在《财富》100强企业中挑选了多个处于不同行业的公司。
- 我们没有收受那些被采访企业的任何好处，而且我们会公开与这些企业负责人的关系。
- 我们特意使对话涉及了多个不同的方面，并且邀请了采访对象和我们分享他们当前和长期的愿景。

斯伦贝谢公司

采访对象：尼尔·埃克隆（Neil Eklund），斯伦贝谢公司前首席数据科学家。这次采访是通过电话进行的。

概要：斯伦贝谢公司将它在物联网方面的投入聚焦于"资产健康管理"，即对一家企业的实物资产进行远程监控、诊断以及状态预测。这项工作充分地表明，遥感是企业在工业环境中利用物联网的经典方式，它可以通过向客户提供更多的功能和价值来满足客户的需求。然而，这家公司管理者的思维方式清楚地反映出，他们的最终意图是向智能网和以消费者为中心的商业模式转型。

Q：什么是资产健康管理？

A： 你可能会在某个地方拥有一些实物资产，如果这些资产出了问题，那么你就会面对一大堆的麻烦。比如，如果你的一架飞机出了问题，那么你就只能延迟或取消飞行计划；在油田里，如果你的设备出了问题，那么你就只能推迟钻井工作。所以，你要想尽办法缩短设备故障后等待维修的时间，并减少你实际使用的设备数量。另外，你还要竭力避免二次事故的发生。此时，你自然会想，你能否提前发现哪些设备会出现问题。如果我告诉你，某个部件在 5 分钟后会发生故障，那就太晚了。因为实际上你需要在一周前替换那个部件。但如果我告诉你，某个部件在 6 个月后才会发生故障，那又太早了。

Q： 你们会在石油钻机这种复杂的设备上收集哪类数据？

A： 一共有三种不同的数据。首先是环境数据，你可以通过这些数据了解水、空气和地表的温度。其次是控制系统的数据。最后是设备使用数据，即关于你的实物资产的历史数据。有时候，某个资产健康管理系统中并没有很多传感器，而地下输气管道这类设施也许会配备很多传感器，因为对这类设施来说，重量不是什么问题。但是，飞机发动机就不会配备传感器，因为重量会产生很大的影响。物联网在工业领域的应用是比较新的，所以我们一般不会在资产健康管理的目标物体上安装传感器。相反，我们会直接调用一些现成的数据。正因为这一点，你很难每次都察觉可能发生的故障。

Q： 现在我已经有了数据，我打算利用这些数据来进行实时预测，而不是在系统中预先设置用于处理可能发生的事情的指令。这样做实际上是有缺陷的，因为我很可能没有用正确的频率来收集数据，或者我没有关注到正确的对象。就目前来说，你们发出的资产健康管理预警有多少是源于设备一直关注的数据，有多少是源于不经意间采集到的数据？

A： 这些预警几乎全都源于不经意间采集到的数据。你可能检查了一台水泵的内部，而且在过去的数年时间里，你恰好一直在收集控制系统的数据，但你并不知道如何使用这些数据。如果这台水泵真的出现了故障，那么你也许会提议："让我们仔细分析一下过去的数据，看看能不能找出发生故障的原因。"对此，让人感到惋惜的是，为什么没有人利用这些数据来预测故障的发生，而不仅仅是寻找原因呢？这是一个很严重的问题，这种情况在各个平台上经常发生。通用电气、惠普公司、霍尼韦尔公司——这个问题无处不在。

Q: 随着我们进入一个高度互联的世界，你对高度分布式的资产管理科学有哪些看法？

A: 机器会配备越来越多的传感器，人们可以用这些机器来排查具体的故障，而且它们会做得比人类好很多。斯伦贝谢公司已经在设计产品的过程中加入了PHM（故障预测与健康管理）的元素，这使得那些足够智能的机器可以利用传感器的数据来预测可能发生的故障。我曾和其他公司的同行一起闲聊，他们的公司甚至获得了比我们更多的维护保养类业务。他们使用的部分传感器不仅可以在车辆间交换数据，而且可以自动比较相关的数据，以便他们根据当地特定的驾驶环境来排查汽车的故障。这实在是太了不起了。

我认为，未来的物联网和相关产业将使用更多的传感器来进行资产管理。当然，飞机对传感器和各类数据传输的限制确实是一个很大的问题，但是很多其他类别的资产——汽车、卡车、输气管道以及各种不同类型的东西——即便再加上一磅半左右的组件，也根本不会受到影响。

以自动驾驶汽车为例，如果这些汽车出现了故障，而你又找不出发生故障的原因，那么这就是一个很大的问题。所以，你要能够远程判断这些资产是否还在正常运行。我曾看到过一款能够实现 PHM 的软件，你可以通过这款软件了解你的目标资产是否仍在正常运作。对自动驾驶汽车和其他能够自主操控的车辆来说，类似的软件非常重要。在今年的 PHM 会议上，我们会展示目前正在开发的监控自动驾驶车辆的软件，这对未来将是至关重要的。

Q：你对未来有什么样的愿景？你认为机器学习会如何改变并适应这样一个未来？

A：今天，我们采用的模式是集中监控。资产监控管理服务实在是过于昂贵了，所以它会首先出现在航空业。随着 PHM 融入越来越便宜的商品，今天这样一套汽车里的系统或许价值 40 000 美元，但它可能在将来的某一天出现在你的冰箱里。所以，我们需要将这种监控软件从需要人工参与的集中化模式转变为分布式模式。这样，每一辆汽车、每一台冰箱，以及任何种类的资产都可以内置一套资产健康管理软件。在没有故障时，它可以向附近的节点发送"一切正常"的信号。

但如果有东西发生了故障，它就会向节点发送"出现问题"的信号。一个集中式中央监控系统无法处理很多资产的问题，所以我们需要把监控的功能外放到其他独立的设备上。

资产健康管理有两种模式，其中一种是所谓的混合模式，这种模式相当好用。有些老派的工程师想要建立基于物理原理的模型，这种模型往往很精确，但只对特定的资产有用。一旦你改变了模型中的任何元素，你就需要修改整个系统。而对那些喜欢使用机器学习技术的人来说，他们会说："你只要给我一些数据，我就能做到任何事情。"我就是后面这种人。

那么，机器学习会如何演化呢？在20世纪80年代和90年代早期，机器学习以多次数据传递为基础。你需要首先建立一个神经网络，然后观察这些数据并调整权重，这就是你的模型。到了21世纪，人们创造了很多种基于单次数据传递的算法。你需要仔细观察数据流，然后从中推断出某些信息，这推动了各种模型的创新。如果你在某一件物品上发现了问题，那么你可以立刻在其他物品上寻找这个问题的痕迹。通过这种去中心化的方式，如果某件物品识别出了某个具体的问题，那么你管理的所有物品都将能够识别这个问题。

Q： 我们正生活在一个高度互联的世界里，但我们的利益是高度分散的，而且我们没有一个标准来规范所有的连接。在这样一个互联的未来世界里，你认为什么事情是值得期待的，而什么事情是令人担忧的？

A： 让人感到担忧的是隐私问题。物联网在很多方面都让人感到不安。你一直放在身上的手机可能会被追踪；你的保险公司可以从你的汽车上获取你的数据，并对你说："我们在二级市场上买到了这些数据。数据表明你是一个危险的驾驶者，所以我们必须提高你的保险费用。"我们该如何利用这些数据？谁能够真正控制这些数据？这些是让我感到非常担忧的事情。

从积极的一面来说，设备会有更高的可靠性。比如，航班的延误和取消情况会减少，汽车也会比以前更加可靠。这就是资产健康管理想要实现的梦想，而且毫无疑问的是，我们正在朝着这个目标大步迈进。

思考和洞见： 斯伦贝谢公司目前做的事情是典型的物联网的工业应用。它的技术核心是遥感，而其业务核心是对现场问题做出更快、更有针对性的反应，并在故障发生前进行预测、完成修复，从而降低企业的运营成本。虽然这家公司的愿景是将类似的传感技术应用于消费类产品（如冰箱），但斯伦贝谢公司不太可能成为家用电器制造商。

然而，如果家用电器产品也成为智能网中的设备之一（正如我们在第五章所预测的那样），那么只要简单地下载合适的软件，斯伦贝谢公司就可以将家用电器纳入它的远程监控服务体系中。这个例子清楚地表明，可调用性能够让一家逆向型企业将其核心竞争力延伸到它之前根本不可能渗透的市场中。

欧莱雅公司

采访对象：欧莱雅公司技术孵化器全球副总裁吉韦·巴洛什（Guive Balooch）。这次采访是通过电话完成的。

概要：在推出世界上第一款被命名为卡诗（Kérastase）美发教练的智能梳子后，欧莱雅把消费美容产品带入了互联世界。化妆品以及其他美容产品都是实物产品，但欧莱雅正在利用逆向思维重塑自己的使命。它不仅仅是简单地发布一款实物产品，而是通过提供有价值的个性化数据，使客户能够精确地购买美容产品。

Q：你对欧莱雅公司的愿景是什么？这家公司在物联网世界中会有什么样的地位？

A：我的工作就是思考互联设备和新体验将如何改变美容产品行业。我认为，由于消费者的周围涌现了各种新技术和互联数据，那些与美容产品互动并购买了它们的消费者群体正在快速地发生改变。这个行业的未来在于，我们要用物联网、机器学习以及神经网络等技术为客户创造新的、个性化的、定制的体验，我们要为客户提供最好的产品来满足他们的需求。这是一个以产品为导向的行业，我认为人们会利用互联世界来获取更好的产品，并通过创新来获得更加个性化的产品。在这里，你不仅要在物联网方面进行创新，而且应该在供应链方面进行创新。

Q：鉴于你们公司拥有非常丰富的产品组合以及多样化的产品，你能不能介绍一下美容产品世界对物联网的应用？

A：想一想，当今的女性是如何得到完美的粉底的？大约50%的女性无法获得完美的粉底，因为人眼可以分辨上千种不同的肤色，而商场只销售几种不同颜色的粉底。

当你思考消费者的期望时，你会发现，归根结底，女性真正想要的是一款尽可能完美贴合她们肤色的产品。如果我们可以利用测量技术和由此获得的数据更精准地识别客户的真实肤色，那么我们就可以为她们提供个性化的产品，并让她们更快地获得这些产品。我们已经在美容行业中推出了数千种不同的产品，但我们也只能满足部分消费者的需求。现在，由于我们能够在多个领域里提供大量的定制体验，所以客户的期望值也在不断上升。

Q： 欧莱雅在物联网领域具体做了些什么？

A： 我的团队正在尝试创造新的互联设备。以我们在日常化妆过程中的常用工具为例，我们正在想办法让这些工具和网络连接在一起，这样，我们就能通过在线指导为使用美容产品的客户带去更多价值。我们会利用这些工具内置的传感器，并利用收集到的数据来指导消费者购买最合适的产品，无论他们需要的是护肤产品还是护发产品。

另外，我们会利用可穿戴设备（比如我们的紫外线贴片），根据客户暴露在外界环境中的程度，通过物联网与客户交流或对他们进行指导。我们想让客户了解自己每天接触污染物或紫外线的程度，并知晓如何挑选正确的产品以及使用这些产品的最佳时间，从而使他们的美容体验保持完美。我们还在寻找各种方式把所有物品和设备连接在一起，这样我们就能通过机器学习了解到如何利用定制体验、供应链创新以及物联网更好地理解消费者，从而开发出更好的产品。

Q：你们在消费类电子产品博览会上推出的那种梳子非常独特，你能不能更具体地描述一下这款产品？

A：在谷歌搜索上，超过 50% 的关于美容产品的搜索话题与头发相关。同样，人们往往会说"今天我的头发乱得一塌糊涂"，而不是"今天我的肤色很糟糕"。头发对人们的日常生活真的很重要，而环境以及头发接触环境的方式将会影响头发的外观和触感。我们想和一家创业公司建立合作伙伴关系，因为我们认为，创业公司能够真正把以消费者为中心的理念与美容行业的设计结合在一起，以此创造出我们所需要的互联产品。这种产品并不会使消费者的日常生活变得更复杂，而是可以为他们提供关于他们发质的信息。

这种梳子的设计非常漂亮，完全可以和奢侈品市场上的价格为 200 美元的梳子相媲美。我们和 Withings 智能设备公司进行了合作，开发出了相关的硬件。我们的专业美发品牌卡诗帮我们进行了市场推广和品牌推广，所以这款梳子现在已经是它的产品了。

我们一共在这把梳子上安装了6个传感器。首先，它有一个麦克风。当你梳理头发时，麦克风能够收集头发发出的声音，然后我们的算法能够向你提供关于你头发状况的信息，其中包括头发的受损程度、干燥程度，以及受环境影响的程度等。梳子里还有一个受力传感器，这个传感器能够检测头发打结的程度，这类信息是非常重要的。如果你的头发天生就是卷曲的，那么在你洗完澡后，你需要使用正确的产品以确保头发保持一种自然卷曲的状态，而不是杂乱的一团糟的状态。

另外，梳子里还有一个加速度传感器和一个陀螺仪，这两个传感器将帮助梳子确定自己的空间位置。除此之外，梳子还内置一个热导传感器，用于检测头发中的水分。最后，我们还给梳子配备了蓝牙和Wi-Fi，以便你使用梳子的连接功能。我们希望这把梳子能够向你提供你发质的相关信息，并帮助你选择购买正确的产品。我们曾经在头发表面涂了一层聚合物，然后对这把梳子进行了测试，结果发现了一种与聚合物数量相关的效应。通过这种效应，我们能够判断出你的头发上是否有残留的护发素。护发素的含量将改变你在梳理头发时头发所发出的声响。残留的护发素会加大头发纤维之间的摩擦阻力，此时，相应的传感器中的导电率就会增加。

今天，很多女性不知道该使用什么产品。她们不知道自己头发的凌乱程度、卷曲程度和杂乱程度。在使用这把梳子6个星期以后，你可以再去找你的发型师，并告诉他们你的头发在过去几个月里的变化。之后，他们就会为你提供合适的产品并用正确的方式给你做头发。这实际上是一种指导工具，是人们可以在家里使用的日常设备。

Q： 物联网使企业可以更好地理解消费者，向消费者销售更多的东西并取悦消费者。然而，新技术的引入速度一直非常保守。在美容行业里，我们具体应该做些什么才能改变这种状况呢？

A： 在医疗和健身行业，信息和产品功效之间显然存在某种直接的联系。这种联系也是消费者和产品之间的某种一对一的互动。美容行业或许更加感性，也许你手上的这款产品非常有效，但是你并不喜欢它，因为你在感觉上并不认同这款产品，也许你不喜欢它的味道或者外观。因此，在过去，我们很难通过物联网这样的技术为客户带来额外的价值。

我的看法是，我们正在从互联的健康产业中获得更多灵感。我们发现，消费者已经接受了他们生活中的每件产品都配有某种技术。因为这一点，我们也开始寻找某种方式将美容行业纳入这个互联的世界。我的团队对工业设计、数据、数据科学以及机器学习有着独特的观点。在我的团队中，也有能够真正理解那些花钱购买美容产品的客户的人，他们都是一些非常复杂的人。这是典型的以产品为导向的行业，我们的客户在传统上会更多地受到美容产品在感官和情绪方面的元素的驱动。

因为这一点，消费者和我们这个行业都需要花费更长的时间来适应这个不断改变的世界，尤其是在这些改变涉及信息和技术的情况下。在有了这些创新后，我们看到了这些技术的潜力。物联网不仅可以通过为消费者提供最合适的产品来满足他们的需求，而且可以指导他们，使他们不再使用错误的产品，所以物联网确实拥有巨大的潜力。

思考和洞见：欧莱雅已经认识到，美容行业是一个由产品驱动的行业，但是在看到技术、物联网和互联设备在改变消费者体验的过程中所表现出来的潜力后，它还是选择接受了逆向思维。它将物联网技术直接应用在了梳子这种人们非常熟悉的日常产品上，但关键在于，将这些产品连接起来只是它达到目的的一种手段。

它的最终目标是利用物联网为消费者提供更多数据，使他们能够做出更明智的选择，购买尽可能好的产品。有时候，这种选择权对化妆品这样的产品来说尤为重要，因为这类产品无法进行数字化定制。这实际上是对第二章所谈重点的整体应用，即利用传感器收集到的数据为客户提供更多的选择权、控制权以及增强的体验，这为成千上万家消费品公司指明了一条相同的道路。

软银集团

采访对象：软银机器人公司首席科学家阿米特·库马尔·班贝伊（Amit Kumar Banbey）。本次采访是通过电话完成的。

概要：融合网的关键在于具有社交智能的人形机器人，而软银机器人公司正在不断推进机器人技术的发展，旨在创造出能够在以人为中心的环境中执行物理任务并进行互动的机器人。

Q：在这个互联的世界里，我们很快就可以让所有的东西互相交流。如果将人形机器人与智能住宅结合在一起，那会是什么样子的呢？

A：站在我的角度来看这个问题，假设你现在已经有了一个互联的生态系统，但是没有机器人，那么这样的生态系统在绝大多数时间内将是静态的。在你引入机器人之后，它们就可以被当作这个互联生态系统的身体语言。它们将会成为提升这个互联系统能力的物理能力。假设你现在有了一套智能住宅，并且机器人是这个生态系统中的一部分。当该住宅的某个房间感应到身处其中的人出现了问题时，机器人就会马上赶到那个房间并帮助那个人解决问题。类似的场景还可能发生在家里、办公室里或者公共场所中。智能互联传感器将会向系统发送出现问题的信号，接着，机器人就会赶往现场并处理这个问题。当机器人和物联网结合在一起，分别扮演身体和大脑时，这样一个系统将拥有巨大的潜力。

Q：我们正在进入一个全新的世界，在这个世界里，技术将成为日常生活中很重要的一部分。从专业的角度出发，你能不能给出一个关于人形机器人的定义？

A：目前，我们还没有明确、具体的定义。但是我认为，机器人必须拥有某种程度的自主性和行动能力，对我来说，这一点是非常基本的。另外，机器人的外形和功能应该有人类的影子。对我来说，这就是"人形"的含义。如果机器人可以用某种方式来表达身体语言，那么这种方式也可以作为"人形"的一个定义。人形机器人必须拥有某种像人那样的连接方式。

Q：想要制造出拥有社交智能的机器人，我们目前必须要解决的三个最大的挑战是什么？

A：这基本上会涉及三个不同的方面：互联性、信息的共享，以及群体综合智能。你的手上有很多信息，但是你需要用一种有意义的方式来分享这些信息，所以你要在这个领域开发出某种产品来满足真正的需求。信息分享必须考虑隐私以及其他关键性问题，而这一点是非常具有挑战性的。所以，在这类生态系统建立起来之后，你面对的挑战是避免机器人学习那些坏的东西，并且改进它们的行为。

Q： 人形机器人或许可以做到一些人类无法做到的事情，比如在家里的某些狭小空间内完成一些日常的维修保养工作，或者在智能住宅探测到家里的老人或残疾人摔倒或其他紧急情况出现时提供及时的帮助。那么，机器人的智能将发展到什么程度呢？

A： 机器人的智能是有极限的，因为任何机器人的运算能力都是有限制的，除非你把机器人与某种云系统或物联网系统连接在一起来提升它们的运算能力。想要提高智能水平，你就需要在技术上提供更强的运算能力，因为你将不得不处理更多的数据并做出相应的决策。一个独立的机器人只拥有有限的智能，但这已经足以让它在一些发生在本地的情形中做出决策了。比如，它完全有能力判断现场是否有人需要帮助、这个人的情绪状态，以及它是否有能力来帮助他。

这就是本地化的决策过程，对于这种类型的决策过程，机器人绝不会无所事事地站在边上而不尝试与病人沟通。但如果出现了更大的问题，那么机器人就需要理解一些它还无法理解的东西。所以，我们肯定会需要更高层次的智能。此时，机器智能的发展就有了用武之地。机器人最终做出的决策将以多个不同设备获得的数据为基础，而且这些数据将由多个不同的设备共同处理。

Q：你经常说到机器人的社交智能。目前，我们想要实现这种智能的限制是什么？

A：问题在于机器人感知和理解周围环境的方式。有了完整的芯片或摄像头之后，它们在基础层面上看到的是一些安全的东西。然后，机器人需要做出判断："好吧，这种像素应该代表了一把椅子、一块木板，或者其他什么东西。"它们必须在更高的层面上理解它们看到的物品，并以此为基础去理解它们所处的场景。就目前的技术发展水平来看，我们处理这类多层次存在形式的手段是非常有限的。虽然在机器智能方面，我们目前只能实现两岁孩童的认知水平，但这对我们来说已经非常不错了。

思考和洞见：融合网是物联网演化过程中最宏大的一个阶段，而能够与人类进行有意义的交流的机器人为我们提供了我们能够想象到的最具融入感的体验之一。机器人填补了融入式体验中的一个非常重要的空白。虽然我们可以部署大量的传感器、执行器以及计算组件,但只有机器人能够在融入式环境中基于实际发生的场景来执行程序员没有预料到的任务。正因为这一点,在创造第六章所描写的那些行业体验时,机器人将是一种非常宝贵的助手。而软银机器人公司目前正在积极地开发这种层次的社交智能。

强生公司

采访对象: 强生公司负责供应链可视化的副总裁麦克·罗斯(Mike Rose)。本次采访是通过电话进行的。

概要: 作为这个世界上产品最全面的医疗保健公司,强生公司的供应链正在利用物联网来获取可以让客户受益的数据,这引出了一个具有革命性的概念——健康互联网。

Q: 你能否和我们谈一谈你在强生公司使用物联网实现供应链自动化工作的情况?

A: 出于多种不同的理由,我们在供应链中对产品进行了追踪和回溯。这样做的目的之一是给供应链提供更好的安全保障,以此确保病人拿到的产品不是假冒伪劣产品。在美国,尤其是欧洲市场,这不是什么大问题；但是在新兴市场，你很有可能买到假药。随着消费者和监管者越来越多地注意到人们对假货的担忧，对产品进行追踪和回溯的能力正在成为一道进入市场的门槛。我们正在研究的另外一个领域是上游产品的可追溯性，这也是由病人和消费者推动的，他们想知道某种产品的来源。它是不是真货？制造这种产品的原材料来源是不是可持续的？以我们的产品线为例，我们在某个产品线上需要使用棕榈油，而客户想要知道的是，我们正在和哪些农民合作，以及我们的做法是否遵循了可持续的原则。

那么，从物联网的角度来看，这样的要求意味着什么呢？可追溯性和透明度对物联网来说是至关重要的。例如，糖或棕榈油从农场被运到集合点，再被运到加工点，这个过程的关键在于你必须始终清楚地知道原材料来自哪里，以及它们会被用在哪个批次的产品上。对很多我们使用的原材料来说，这是一个基本的要求。同样重要的是把产品的可追溯性向下延伸到分销商和药店。你必须采取一定的安全措施来确保假货不会被引入合法的供应链中。只有通过可追溯性，我们才能够确保供应链有更高的稳定性和完整性。分销商向我们购买产品,再把产品分销给药店或者医院,它们也可以通过一条安全的供应链来实现产品的可追溯性。

这为那些生产假货的人制造了一个进入市场的壁垒。在我们有了一条安全的供应链后,那些假货生产商就会避开医药产品和医疗设备。

Q: 毫无疑问,物联网将改变病人和客户对你们的医疗保健产品的总体感受,你是如何看待这种改变的呢?

A: 随着时间的推移,物联网将增强客户使用我们产品的体验。或许这还需要一段时间,但是我已经看到,越来越多的人会利用他们的设备与智能包装进行互动。例如,当病人在服用处方药时,平均只有大约40%的病人会严格遵照医嘱。如果通过物联网,我们利用智能吸塑包装或者手机App让药品的智能包装与病人直接进行互动,那会怎么样呢?如果病人同意这样做,那么这将是一个全新的机会。现在,你只需要通过智能包装按时给病人发送一条短消息,"今天早上你吃药了吗",就可以帮助他们更自觉地遵守医嘱。

强生公司有一款健康App叫作"7分钟锻炼"。如果我昨天用过了这款App,那么在今天,这款App会主动在我昨天进行锻炼的时间段向我推送一个提醒:

"嘿，是时候进行 7 分钟锻炼了。"在服用处方药物方面，我们也可以采用同样的做法。在你设置好所有适当的选项并处理好相关的隐私问题后，你可以利用一款智能包装来实现类似的互动。

我认为，这就是这个行业以及强生供应链最终的发展方向，而病人将直接受益于这种发展。在我观察整个医疗保健行业时，我认为物联网长期的愿景将是降低医疗保健的总体成本。我们知道，那些能够遵守医嘱的病人往往会拥有更好的治疗效果，并且需要更少的护理。所以无论从哪个角度来看，这都是一个双赢的结局。

Q：强生供应链和医疗保健领域的物联网有什么样的长期规划？

A：人们对医疗保健系统的期望值还是相当高的。你已经看过了很多关于婴儿潮一代和老年人的实验，我认为这类实验还会不断增加。医疗保健系统一直试图在降低成本的同时保证医疗服务的水平——如果无法提供更多的服务，那么该系统至少可以提供更好的服务。我认为，技术在这里起到了很重要的作用。你会发现，物联网可以进行一种合理的逻辑延伸，演变成所谓的

"健康互联网"。

健康互联网包括智能传感器、智能设备和各种智能包装。另外,数据、手机、互联网、云系统解决方案,以及电子医疗记录系统也被整合在了一起。在有了这些以后,你可以将你的手机与各种技术组合在一起。你最初可能会用到RFID,接着就会用到智能传感器和智能设备,这些设备可以是你的手机、苹果手表,或者Fitbit手环。作为一个消费者,你完全可以选择适合自己的技术和程序组合。

我打算谈一谈物联网的未来。我在物联网领域度过了我职业生涯的最后10年,所以我很想知道,在我们收集到了所有相关的数据,并将这些数据运用到机器学习和深度学习领域后,接下来会发生什么?在这样一个未来世界里,医生不仅会知道他的病人正在服用什么药,而且会知道他在杂货店里购买了什么食品,而这一切都将是自动完成的。所以我的医生也许会这样说:"他买了5磅培根,但是他正在服用控制胆固醇的药物。"

我的Fitbit手环可以显示我的代谢指标。这个未来世界不仅可以监测或者分析我们的身体数据,而且可以预测我们的身体状况。在这个世界里，医生可以说："如果你一直保持这种生活方式，那么接下来就会发生这样那样的事情。"机器学习和深度学习以对一个庞大的多变量系统的深入理解为基础，它们使上述的一切成为可能，而医疗保健的成本也将因此下降。

思考和洞见：从最基本的产品追踪回溯以及合规监控入手，强生供应链正通过物联网进入一个医疗保健设备互联的世界。这一步非常重要，而它把更大的愿景放在了健康互联网上。这代表了物联网领域的一种关键现实。医疗保健、健身、对人类身心健康的总体优化，这些元素组成了一个生态系统。这个生态系统不仅能够体现物联网的便利性，而且具有智能网甚至融合网所拥有的更深刻的预测能力。然而，随之而来的是对隐私问题以及病人健康数据安全的深深担忧，这些都需要一个强有力的解决方案。

在众多为逆向型世界提供解决方案的技术公司中，我们挑选了其中的两家公司并与之进行对话。当然，按照我们的甄别标准，有上千家企业可以成为我们的选择对象，但这两家公司的创新水准在整个商业和技术世界里都是非同寻常的。

VeloCloud 公司

采访对象：VeloCloud 公司 CEO 兼联合创始人桑贾伊·乌帕尔（Sanjay Uppal）。本次采访是通过电话完成的。

（**特别说明**：本书的作者之一琳达·贝尔纳迪是 VeloCloud 公司的咨询委员会成员。）

概要：在云交付的"软件定义的广域网"领域中，VeloCloud 公司是领先的参与者之一。云交付的软件定义广域网指的是一种特殊的云网络，它能够提供一种可以连接到云端系统和企业应用的企业级连接。这种云网络非常重要，因为物联网将使可以连接网络的设备的数量直接增加好几个数量级，这进一步提升了我们对可靠的网络连接的依赖。在一个几乎所有东西都连接在一起的世界里，你不能只依靠单一的网络连接源。因为如果你唯一的连接源出现了问题，那么你的公司、医院或者学校的日常运作就会停止。目前，很多公司正在解决大规模网络连接带来的众多挑战，而 VeloCloud 公司正是其中之一。它试图满足市场对无缝的、超可靠的多协议网络连接的需求。

Q：你们是如何创立 VeloCloud 公司的？

A：我们观察了过去 10 年左右发生在 IT（互联网技术）

世界里的事情。我们看到了云技术的到来。它并没有被部署在单个公司的办公场所中，相反，整个IT世界迁移到了云端。这是有原因的。首先，企业更感兴趣的是它们采用的技术可能带来的结果，而不是拥有某种它们采用的技术。其次，企业更愿意将技术作为一种服务进行购买，而不是购买一大堆产品，然后雇用一群人来运行这些技术。

我们当时正在思考一些问题。网络里有什么？这些东西是如何与其他东西互相连接的？为什么你需要雇用数百个人来确保合适的程序在网络运行过程中的品质、安全和性能？

把个人客户终端和用户与那些数据中心连接在一起的，就是所谓的广域网。广域网是很有意思的东西，因为所有的联网过程都发生在建筑物或校园里。这正是所有复杂性的来源。你需要面对互联网、无线局域网、私人网络，以及所有的网络服务供应商，你甚至会发现谷歌和脸书公司正在部署高空气球和卫星，这一切都属于广域网。站在我们的角度来看，广域网是非常复杂的。任何企业都不会想要自己处理这些复杂的事情，它们想要的只是广域网可以为它们带来的结果。

我们当时是这样说的:"让我们把那些只有在企业的办公场所中才能看到的广域网功能转移到云端吧。我们可以把这些功能当作一种服务来运营。"传统意义上的那些产品、家用电器或各种设备现在已经被转化成了一种虚拟服务。这就是VeloCloud在网络领域试图实现的事情的核心。然而几年以后,让我们感到震惊的是,我们所做的事情不仅关系到人类用户,而且关系到所有可以通过网络寻址,尤其是那些可以通过物联网寻址的设备。这些设备可以是传感器、执行器,或者你手上的任何东西。它们不仅需要相互沟通,而且需要与管理并控制它们的程序沟通。更重要的是,它们需要通过广域网来实现这些沟通。

让我们来设想一下,如果数十亿件不同的设备不仅要和其他设备沟通,而且要和控制它们的程序沟通,那么这些沟通该如何通过广域网实现呢?如果广域网的复杂程度无法降低一至两个数量级,那么我们将会完全陷入混乱。

Q: 在这样一个混乱的世界里,VeloCloud公司具体进行了哪些方面的工作,解决了哪些问题?

A: 对于今天的企业和明天的消费者,我们有两件事要做。

首先，一个人想要访问的所有程序——无论涉及的是网页浏览、ERP（ERP是企业资源计划的首字母缩写，它是一个帮助企业实现后台功能自动化的平台），还是观看电影——都将在一个由软件定义的网络上运行。一旦你确认"这就是我正在使用的程序"，网络就会通过软件对自身进行配置，从而识别出个人用户正在访问的程序。

其次，作为用户，你可以同时使用几个不同的网络。例如，某人在使用自己的手机时，他要么连接Wi-Fi网络，要么使用移动网络。但是，从技术的角度来看，他完全可以同时使用这两个网络。当Wi-Fi的信号更好时，他可以用Wi-Fi；当移动网络的信号更好时，他可以使用移动网络；当这两者的信号都很好时，他就多了一个选择。这种使用多个行为特征不同，但能够满足用户和程序需求的网络的能力，是VeloCloud带来的第二项重要的创新。

在软件工程领域，我们有这样一种说法："计算机科学中的任何问题都可以通过另外的抽象层或间接层来解决。"从本质上来说，我们所做的只是对每一个不同网络的细节进行抽象，你只需要知道，它们与你的程序是通过云端连接在一起的。你根本不需要说"我想要连接 Wi-Fi"或者"我需要连接 4G 网络"。你只需要连接到云端,它会替你搞定剩下的所有事情。

Q: 新的互联世界将为我们提供一个高度分布式的环境,你会在各处发现各种节点。我们会有各种集线器和网关,并且会将数据分析工作转移到网络边缘。那么,你能不能为我们描绘一下这种分布式模型呢?

A: 我们说"云就是网络",你在云端系统中看到的实际上是一组互相协作的网关。网关就是在网络各个重要节点上运行的软件。在这里,重要的是众多互联网服务供应商应该在哪个节点聚集在一起。VeloCloud 在全球 27 个地点部署了一组网关,但还有一些网关由服务供应商,比如电信运营商、电话公司和其他一些公司提供。上述节点是虚拟服务理想的运营场所。

如果一台传感器想要与一台执行器沟通,那么我们必将面对一些问题。网络是如何直接连接到该执行器的?如果这种连接通过最近的网关实现,那么连接的效果怎么样?在不涉及任何中间层的情况下,我是否应该将传感器与执行器进行动态连接?如果我需要某个网关提供的一项关键性服务,那么我是否应该通过这个网关来建立我的网络连接？所有的一切都是实时完成的。哪一个网关离我最近？这个网关能提供什么服务？如果我确实需要这个网关提供的服务，那么我就应该通过这个网关来连接我的执行器。如果我不需要这个网关提供的服务，那么我就可以在传感器和执行器之间、在一个分支和另一个分支之间、在一个用户和另一个用户之间建立直接的连接。

在有了网关这个概念后，原本需要驻留在各个节点的功能，比如程序重定向功能、安全功能以及网络性能中介功能都可以转移到云端，并且被当作一种服务来运营。

互联设备就更是如此了。如果所有的服务都在云端运行，那么当你需要控制数千公里以外的设备时，你就会遇到所谓的延时问题。为了解决这个问题，你可以聚合一些流量并把一些决策放在本地进行。

这就是所谓的边缘计算或雾计算。VeloCloud之所以会参与这个领域，是因为我们认为这实际上是另一种形式的网络服务，它不再局限于云端系统之中。这实际上成了一种明确客户需求的方法。你需要我们提供在网络边缘的服务吗？你需要由网关提供的服务吗？

你能否直接连接到网络的节点?你需要直接与程序进行连接吗?所有的一切都是为你使用软件服务的。

软件定义的网络可以在所有东西上运行,所有东西也可以在软件定义的网络上运行。这就是我们想做的事情。

思考和洞见:正如我们在第四章强调的那样,一个互联的未来会有很多种不同的连接协议,而所有的协议必须协同工作,才能够使我们拥有可靠的网络连接,为消费者和企业带来满意的体验。通过为边缘计算开发专用的网络连接解决方案,VeloCloud公司正在适应这样一个世界。VeloCloud公司提供的方法的多样性为我们指明了这样一条道路,那就是通过建立能够推动逆向模式的基础设施使网络变得更加灵活、可靠,并通过"解决方案即服务"的模式,而不是成本高昂的硬件和软件来满足用户的众多需求。

英伟达公司

采访对象:英伟达公司副总裁兼DGX-1产品线总经理吉姆·麦克休(Jim McHugh);英伟达工业部门总经理安德

鲁·克雷希（Andrew Cresci）。本次采访是通过电话完成的。

概要： 英伟达公司目前正在物联网，尤其是工业物联网领域中广泛地引入机器学习和深度学习技术。我们采访过的很多企业正在应用机器学习和深度学习，而英伟达公司的硬件使得深度学习技术成了可能。

Q： 被称为英伟达公司第一台人工智能超级电脑的DGX-1是如何影响物联网领域的？

吉姆： 我们基本上是利用人工智能，或者更确切地说，利用机器学习和深度学习技术对程序进行训练，从而将人工智能引入物联网领域的。在很多物联网的应用场景中，数据处理是在网络边缘进行的，而我们的设备将智能程序带到了网络边缘。今天，当我们审视家庭自动化和物联网时，我们看到的是一些智能化的互联设备。它们会相互沟通，并且能够追踪用户使用某些设备的模式并采取相应的行动。

人工智能和深度学习还没有真正渗透到这个领域中，但是如果它们真的渗透进来，那么它们就会彻底改变这一领域。当我们把这些设备部署在网络边缘时，我们实际上并没有真正利用这些数据。我们只是说：

"让我们取一个数据的平均样本并采取一些行动吧。"但是，当我们把智能程序部署在网络边缘时，它会不断地学习并采取相应的行动，这些行动不仅仅是做出时间安排或者连接网络。我们会因此获得更好的预测能力和控制力。

Q：安德鲁，就目前工业物联网领域采用的机器学习和深度学习技术来看，你对物联网的现状有什么看法？

安德鲁：在物联网当下的发展阶段，你可以远程控制一些东西，一个典型的例子就是Nest恒温器。而人工智能可以将预测能力融入物联网。你或许会说："好吧，大概有25项不同的因素会影响室内的温度，比如当下的天气、各种机构给出的预报、人的行为方式等。"现在，你完全可以把所有因素混合在一起共同处理，做出更好的预测来管理室内温度。

我想讲述一个有关发电厂的案例。事实表明，在运营一家发电厂的过程中，公用事业部门的相关人员仅仅利用了他们拥有的2%~3%的信息。为什么会发生这样的事情？他们有10年、20年或者30年的运营发电厂的经验，他们很清楚一家发电厂的运作方式以及可能发生故障的部分，所以他们会写出一种算法然后告诉你:"看,通常来说,这个泵会发生故障。"这样的应对方式通常会相当有效。但是人工智能赋予了人类查看所有数据的能力。它会审视整个工厂的所有参数,其中很多参数可能与上面提到的那个泵完全没有关系,而且人工智能在预测问题时显然能做得更好。通过这些数据,你或许会发现那个泵真的发生了故障,但故障发生的真实原因和那个泵本身没有关系,而是与距离泵三度节点上的开关的电压有关。事实上,人类不可能凭借经验发现这个原因。

人工智能可以把所有不同的数据来源放在一起进行分析,然后以此为基础创造一个模型。利用这个模型,你可以把所有因素联系在一起,这就是人工智能的美妙之处。你之所以会需要人工智能,就是因为你拥有太多数据。你根本不可能人工处理这些数据,而且今天还有很多纯手工的工艺技巧是没有办法实现规模化的。你需要一台机器来创建链接和联系,然后人类才会有机会介入。

Q:人工智能、机器学习和深度学习有什么区别呢?

安德鲁:通常来说(尽管并不总是如此),机器学习是一种手工编码的算法。例如,对恒温器来说,"超过72

华氏度（22摄氏度）"就是它的阈值。深度学习则完全不同，整个过程不需要太多人工参与。你只需要向神经网络输入所有数据，神经网络就会自动开始工作，并创造一幅可以让它找到某些特征的世界图景。这些特征可能包括温度、电压、风压或其他的东西。它会将这些点连成线，这样它就能理解更多影响室内温度的变量。它连接的很多点是你之前根本不知道的。最终，这个过程会被归结为一个计算问题，而这就是DGX-1出现的原因。

吉姆：当我们利用深度学习来改变这个由机器组成的世界时，我们已经不再使用手工编码了。一旦你开始依赖数据来开发你所需要的特征集和功能，你就不会再依赖需要人类手动输入"If this, then that"等代码的专家系统了。人工智能拥有深度学习的能力，所以这将是一个发现的过程，我们会让一切都自然地发生。

人工智能将使机器真正拥有感知和推理能力。我知道，有些人认为这听起来有点儿吓人，但实际上，我认为这就是我们希望机器能够做到的事情。在机器拥有了推理能力后，它们将很自然地拥有预测能力。一旦机器拥有了预测能力，以后发生的事情就会让人感到震惊。

Q：人工智能至少已经出现40年了。我们看到它经历了早期的发展期和随之而来的衰退期，现在，它再一次重生了。为什么会发生这样的事情？显然，我们现在有了更多数据，而且设备之间的互联更为普遍了。但人工智能并不是什么新的东西，深度学习中的某些元素也不是新的东西。那么为什么当今世界要比10年前更容易接受人工智能呢？

安德鲁：从人工智能出现到现在，有三件事情发生了改变。首先是数据，训练系统中现有的数据量已经远远超过了之前的数据量。其次，算法与以前相比强大得多。为了更好地预测未来，网络本身能够保留过去发生的事情的痕迹。最后，一个最大的改变是计算机的普及，因为很长时间以来，人工智能一直属于学术研究的范畴。以前，为了让人工智能有一些实际的用途，你可能需要花好几个月的时间来训练一个系统，但这对工业化生产是完全行不通的。人工智能在本质上是一个数学问题，是一种统计代数。它只是在CPU上的运行速度快了数百倍。

现在，训练一个系统需要的时长已经从4个月缩短到了4个小时,所以你面对人工智能的态度会发生截然不同的转变,有些人会因此更愿意接受人工智能系统。当人们训练系统的速度越来越快时,新算法出现的频率也会越来越高,你可以在更长的时间跨度内应用更多的数据,而整个系统学到的东西就会更多。在这里,我们看到了一种递归效应。这在本质上就是一次宇宙大爆炸。

吉姆: 我认为,正在涌来的数据和计算能力让人们拥有了更深层次的网络。当你拥有了更深层次的网络时,你就拥有了更深层次的理解。我还认为,人们对数据的应用也变得更加巧妙了。如果你正在使用发动机组件,那么通过数字孪生技术,我可以利用手上所有的数据来模拟真实世界可能发生的事情。对神经网络进行训练,让它在我制造的数字孪生世界中进行模拟测试,这使我不必在现实世界中进行模拟测试就能让系统学到更多东西。我认为,增强现实技术和人工智能的结合正在开辟许多不同的道路。

我们现在住在加州,要浇灌从农场到葡萄园中的各种植物,这一工作将变得更受控制,因为我们会在合适的时间浇水,而不是在植物不需要水的时候浇水。如果地面上出现了水洼，那么我们就会停止浇灌，这个世界的宝贵资源将不再被浪费。这就是为什么将人工智能部署在网络边缘，以及训练各种程序留驻在现场并自行做出决策是非常重要的事情。我们将为自己的生活省下更多的资源。

思考和洞见：英伟达公司的案例清楚地表明，深度学习的能力对我们最大化互联性的价值至关重要，这也是我们在第三章所描述的逆向思维的原则之一。那些源自网络边缘的传感器的数据是一种"全新的数据"，这些数据是企业之前从来没有使用过的，而且数据量极其庞大。只有识别出隐藏在这些数据中的模式，你才能准确了解客户的体验，而深度学习是能够帮助你做到这一点的工具。这就是为什么很多采访都提及了深度学习，无论采访话题是融合网，还是"我们在物联网阶段对遥感数据的理解"。在过去的数年时间里，英伟达等公司在研发高速计算芯片方面取得的进展使得深度学习成为可能，这就是为什么英伟达公司是逆向生态系统中的关键参与者。

第九章
逆向模式的三角形模型

从逆向模式及其专用词汇表来看，我们已经走过了技术驱动变革的各个阶段——从通过销售产品来创造价值，到通过满足需求来创造价值，最后到通过创造体验来创造价值。我们还探讨了从一家纯粹的传统企业转型为一家逆向型企业的几个必要步骤，我们也提供了相关的案例。

现在，我们终于抵达了这次旅程的最后阶段，而文化将是这个阶段的起点。逆向模式并不只是一种战术或战略，它是一种商业理念。为了让逆向思维方式具有弹性并推动企业转型，你必须让它成为你的企业文化的一部分，成为你的企业的一部分。让我们来探讨一下如何让这一点成为现实。

逆向型互联世界中的企业

施耐德电气有限公司是一家创立于1836年，市值达到了数十亿美元的法国公司。在其现代历史的大部分时间里，这家公司始终专注于向其客户销售电气控制系统。但是在进入物联网时代以后，这家公司改变了自己的商业模式。现在，这家公司正努力地将自己的商业模式转变为以结果为导向的模式。具体来说，就是向医院、银行、酒店以及其他类型的客户提供可以节约成本并预防设备停机的"预测性维护和保养"服务。通过为建筑物或校园内的电气系统中的变压器、开关以及其他组件安装可以探测发热、振动和电流激增等现象的传感器，施耐德电气能够帮助物业经理在故障发生前预测到哪些部件最有可能发生问题。

最终，施耐德电气决定把服务而不是组件作为主要业务。它不再把销售断路器、变压器，以及安装和维护服务包当作主要的收入来源，而是简单地向客户收取每千瓦时的固定月费。如果客户的使用量上升了，那么它的成本也会上升，但是施耐德电气公司绝不销售电力，它销售的只是信心、安心以及不间断的服务。

这就是一种在适应逆向型互联世界的同时开展具体业务的

模式。施耐德电气、惠普公司，以及很多其他类似的企业实际上都已经敏锐地意识到，随着物联网成为越来越多的企业以及我们日常生活的一部分，它们必须面对一个简单的现实：要么适应这种转变，要么变得无关紧要。说得更直白一点儿，你只能接受以满足需求为导向的逆向模式，而不是抓住传统的推销产品的模式不放，否则你最终将失去你的竞争优势和市场份额。在 Bussiness Insider（商业内幕）网站上，科技记者马特·温伯格（Matt Weinberger）对这一现实进行了完美的表述。

　　企业主并不关心服务器、存储容量或网络吞吐量，他们想要确保的是，在付出了一定的代价后，他们的装配线会有更高的效率，他们的医院可以更好地追踪病人的状况，或者他们的商店会有更高的追加销量。

　　这意味着，越来越多的供应商将不再销售某一款产品，甚至某一组产品。

　　他们将把效率、透明度以及智能技术当作一种服务进行销售。一个源自物联网解决方案世界大会的通用术语是对"业务成果"收费。客户会给出明确的需求或目标，而供应商将通过提供必要的技术来帮助客户实现这一目标。[1]

这就是所谓的逆向模式。在上一章，我们向你介绍了一些企业，它们已经使自己适应了这个全新的互联世界的秩序。无论它们的起点在哪里，这些公司都很了解我们目前所处的时代的动态特征。随着传感器、执行器、计算机以及联网功能的成本不断下降，以及随着越来越多的企业和消费者对互联世界充满热情，从物联网到智能网再到融合网的发展进程会逐渐加速，产品之间的界限也将逐渐消失。雾计算、人脸识别以及手势控制等方面的研发进展将使人们在消费"通过数字交付的服务"时，就像打开一份晨报那样轻松和自然。

最重要的是，采用 B2B 和 B2C 商业模式的企业不会再把那些利用物联网提供需求优先解决方案的供应商视为创新者了。相反，它们会开始期待与它们竞争的企业也采用云计算、机器学习、机器人，以及预测性数据分析等技术，并且会开始期待有更多公司为客户提供更多的选项、更大的控制权和更低的价格。换句话说，用不了多久，逆向模式就将成为企业运营的标准方式。而聪明的企业领导者和创业者早就开始为这种不可避免的局面做准备了。

例如，世界第五大保险集团英国英杰华集团是一家总部在伦敦、拥有超过 3 300 万名客户的保险集团。这家公司有数百万名购买了汽车、卡车以及摩托车保险的客户。众所周知，大多数销售汽车险的公司对没有事故记录的"好司机"会给予一定的折扣，但是这些折扣一直被人们认为是一种相当生硬的工具，因为这种折扣的发放完全基于客户自己的描述或者警局的事故报告。如果某个司机非常鲁莽却又非常幸运，那该怎么办呢？某个居住在人口稀少的地区、驾驶技术很糟糕的司机是否应该和某个在波士顿或巴黎市内驾车的司机享受同样的保险折扣呢？在旧的系统下，你完全可以猜到这些问题的答案。

为了解决这一问题，英杰华保险集团推出了一款智能手机App。这款叫作 Aviva Drive 的手机 App 调用了手机的加速度计、方向传感器以及 GPS 系统来评估司机与行车安全有关的驾驶技能，比如刹车、转弯以及加速。只要在打开这款 App 后驾驶200 英里，你就能获得一个分数；如果这个分数足够高，那么你就能享受一个相当高的安全驾驶折扣。英杰华保险集团利用硬件和软件把客户的车辆变成了一种临时的互联设备。更重要的是，这家公司还基于采集到的数据给了客户一种他们可以自己控制的省钱的途径。这就是典型的需求优先思维方式。[2]

作为企业文化的逆向思维

然而，企业并不能简单地通过积累技术、雇用具有某些技能的工程师，或者撰写新的商业计划站在逆向经济的前列。想要实现这一点，你的企业不仅要在人力资源、产品管理、IT，以及管理层的领导力等方面充分利用物联网的潜力，而且要将这种潜力可视化。另外，你还需要在企业内部创造一种逆向型企业文化。

逆向型企业文化是指，在公司的任何层面都存在一种氛围：包括高层管理人员、各级经理、设计师、工程师、销售人员在内的任何人都能够理解并支持一种全新的商业模式。这种商业模式将会以提出假设型问题作为起点，它会促使企业把注意力集中在满足客户的需求上，并追求用新的方式，比如物联网技术和其他可用的技术，来创造价值和客户体验。

在这样一种企业文化中，原本以产品优先为导向的远洋巨轮要么已经开始转向（即传统企业开始向逆向模式转型），要么已经被快速、敏捷且续航能力更强的船（即物联网或共享经济领域中的创业公司）所取代。我们罗列了一些逆向型企业文化的特征。

第九章 逆向模式的三角形模型

- **需求优先的思维方式**

  企业的决策者会很自然地以愿景为起点思考问题，并尝试重塑客户与其周围世界进行互动的方式。他们所关心的并不是将自己的产品送入供应链，而是用一种独特的，甚至是前所未有的方式来创造或者添加新的价值，以此来提升客户的体验。

- **非常熟悉并且能够应用物联网技术和架构**

  企业中至少有一批人能够非常熟练地使用物联网语言，包括传感器、执行器、无线网络、云计算或雾计算、人工智能、中介、调用，以及其他类似的词语。甚至一些没有工程或计算机科学背景的员工也能熟悉那些技术术语和逆向模式的专用词语。

- **不苛责失败，并懂得如何"在推出产品的同时学习"**

  这类企业的领导者都明白，真正的创新往往始于失败。所以，他们会鼓励员工勇于冒险，不要畏惧失败。在一家拥有逆向型文化的企业里，几乎所有人都知道，人类只有在事情发生以后才会真的相信这件事情是可行的，所以他们会支持那些听起来或表面看起来非常离奇、完全不切实际的想法。

- **对合作保持开放的态度**

  企业的领导者知道，在产品的边界消失后，企业之间的边界也将消失。调用第三方产品能够给互联生态系统增加价值，所以那些富有远见的企业共同开展合作就变得尤为重要。

- **愿意参与企业历史核心竞争力以外的领域**

  苹果原本是一家计算机企业，而不是一家手机企业，但是它颠覆并重塑了手机世界。逆向型文化意味着，你要乐于在企业传统的专业领域之外创造解决方案，但是这些解决方案需要符合员工的才能和兴趣。

- **意识到品牌价值的主张正在发生改变**

  在过去，品牌往往是企业对客户在购买产品时所期待的（感官和情绪）体验的一种承诺，这种体验可以是一种很"酷"的感觉、一种归属感，或者一种信赖感和舒适感。凭借物联网以及轻松更新互联设备并追踪客户如何使用解决方案的能力，企业正在将体验转变为实实在在的价值，比如节省客户时间、提升便利性、降低成本，以及防止设备出现故障。价值将更多地体现在业绩上，而不是体现在市场营销上。

Salesforce 是一家市值高达 66 亿美元的企业，这家公司在短期内或许不需要在物联网上投入资源以避免自己被市场淘汰。毕竟，这家总部在旧金山的公司目前是世界上最大的"客户关系管理"解决方案供应商。不过，Salesforce 公司有一种逆向型企业文化。该公司的相关人员预估，用不了多久，这个世界上很可能会有超过 750 亿台互联设备。[3] 他们知道，如果想要维持自己企业的竞争力，他们必须成为这个生态系统中的一员。

为此，该公司推出了 Salesforce Wear，这是一组开源的启动程序，主要用于帮助客户更快地设计和构建 App，这些 App 将通过 Myo 手势控制臂环这样的可穿戴设备与 Salesforce 的软件平台连接。[4] 你在这家公司里可以看到逆向型企业文化的绝大多数特征，包括需求优先的思维方式、合作、熟练的技术术语，以及主动开发品牌价值的理念。但是，真正让 Salesforce Wear 这个项目获得成功的是，Salesforce 一直在为开发人员提供工具并将合作融入了自己的思维。

这家公司还向开发人员提供了参考程序，以此展示了可穿戴设备的广泛应用，这使得开发人员对可穿戴设备技术的应用有了更多的了解。这家公司把那些参考程序作为开源代码向外公开，以便开发人员修改这些代码，甚至添加他们自己的指令。最终，通过这个项目，Salesforce 几乎能够支持当下所有的可穿戴设备，而且越来越多的用户发现 Salesforce Wear 非常符合他们的需求，这款产品的受欢迎程度与日俱增。这几乎是教科书般的逆向思维的体现。[5]

逆向模式三角形

在分析了 Salesforce 以及其他大大小小的企业之后，我们通过观察这些正在推动物联网发展和应用的企业发现了一种模型，这种模型对建立一家由逆向型企业文化驱动的企业来说至关重要，我们把这种模型称为逆向模式三角形。这种模型非常简单，逆向型企业的三个重要组成部分构成了三角形的三条边，它们是技术、创新和企业文化（见图9–1）。

图 9–1　逆向模式三角形

技术本身就包含了逆向模式的基本原则，即可互联性、可组合性、可调用性、可融合性以及安全（隐私）性。无论是从需求优先的角度，还是从理解物联网架构和软件工程的角度，或者是从关键的物联网技能和专业知识的角度（包括电路设计、微控制器编程、电池寿命的优化以及网络安全）来看，我们都会发现，技术使企业能够构思并开发出新的解决方案。技术源于工程团队、软件开发和编程人员、工业设计师，以及产品经理的奇思妙想。

创新是一种有远见的思维的产物，理应获得企业首席创新架构师的支持。创新是一种心态，也是一种组织架构，它鼓励企业的领导者除了看到企业当下的状况之外，还应该看到企业在将来的发展。创新思维不仅赋予了设计师和工程师大胆地提出假设型问题的勇气，而且解放了他们的思想，为他们提供了资源、时间以及各种支持，以帮助他们探索新的互联设备、微芯片、传感器或者软件程序。从逆向思维的角度来看，创新意味着你对某个领域里的其他参与者正在做的事情有着深刻的了解，愿意投资那些目前还没有明显应用价值的创意，并且拥有一项推动和利用创新活动的计划。

企业文化是一种企业内部有关社会、政治以及人际关系的结构。逆向型企业文化提倡颠覆性思维、鼓励承担风险，并寻求向客户提供新的价值。企业文化必定会涉及管理者的领导力，一个拥有强大领导力的管理者会不断地雇用合适的人才。这样的企业在褒奖成功者的同时还会奖励那些大胆的失败者，它会促进开放性的交流和富有成效的反馈文化，并通过鼓励与其他企业的合作使自己摆脱信息孤岛的困局。企业文化与员工的关系非常密切，任何认同企业的员工都会对企业管理者的愿景深信不疑，他们会热衷于将这一愿景付诸实践。

接下来，我们将具体阐释逆向模式的三个支柱：创新、技术以及企业文化。然而重要的是，你需要明白，在所有领域，只有愿景并不足以产生结果。成功地实践愿景只是你向逆向模式转型的第一步。做到这一点，你就能够建立逆向型生态系统。在这个生态系统中，有类似想法的企业可以有效地进行合作。

企业想要培养出需求优先的思维方式，创造出能够改变市场的解决方案，并在互联的世界里繁荣兴盛，上述三角模型的三条边缺一不可。物联网是一个技术生态系统，这使得拥有精湛的工程技艺以及熟练地使用逆向模式的专有词语成了获得成功的关键。然而，仅仅拥有技术并不意味着你一定能进行创新。创新活动和思维来自一种鼓励创新的文化，当这样一种文化与技术资源和专业知识相结合时，创新就成了一种现实。

逆向模式三角形是一种能够自我强化的系统，虽然这个系统无法完全保证你在互联的世界里获得成功，但是它可以增加你获得成功的可能性。随着我们对逆向模式的探索接近尾声，让我们仔细观察一下这个三角形的每一条边会对那些渴望在这个不断演化的世界里占据一席之地的企业和领导者产生什么样的影响。

第一条边：技术

在新经济中，我们并不是生活在一个以专利技术为主导的世界里，而是生活在一个以 API 为基础的经济中。在这样一个经济体系里，API 能够连接各种系统和架构、协调各种经济活动，所以那些构建 API 的企业才是新的价值创造者。边缘计算、机器学习、机器人以及预测性数据分析都是这种全新的需求优先经济的重要组成部分，但如果我们的目标是大规模的颠覆性创新，那么我们的工具和通信协议就一定要像推动创新的思维一样有用。今天，建立一个你可以用来"尝试和失败"而不是"开发和维护"的模块式架构，远比"拥有"某种技术更加重要。

虽然那些比较新的逆向型企业都是建立在这种心态之上的（即使这些企业的客户已经在使用它们的产品，它们仍然会不断地针对这些客户进行各种尝试），但对传统企业来说，这仍然是一种非常艰难的转变。对逆向型企业来说，采用逆向思维是一件很自然的事；而对传统企业来说，这就是一场痛苦的存在方式的转变，这种痛苦不仅体现在它们的日常运营中，更体现在它们对自己在这个世界中的定位的看法上。

在过去，商人对数据库和计算模型都是视若珍宝的。事实上，直到最近，技术的价值依然体现在相关元件的性能上，这与我们谈论汽车发动机的马力或扭矩几乎没有什么区别。计算机制造商会谈论他们的芯片组的时钟速度，互联网服务供应商会吹嘘他们的上传和下载速率，而无线网络运营商会推出3G、4G以及5G。

因为这是一个演化的过程（一种重塑的艺术），而不是一场革命，所以上面我们谈及的这些因素依然是非常重要的。不过，它们已经不再是技术价值的评判标准了，尤其是在物联网领域。组件的性能或连通性已经被两个简单的问题所取代，即"我们可以利用这些东西为客户做些什么"以及"我们的客户能够利用这些东西为他们自己做些什么"。价值不再和拥有某种技术相关，但是，正如我们在第七章中所说的，价值关系到你如何协调物联网的所有组件，并以此创造能够为客户解锁新价值的解决方案。

创业公司和比较年轻的公司几乎毫无障碍地接受了这种理

念，原因在于，当之前的互联性以及软件等技术不仅转变成了一种服务，而且转变成了一种相当成功的商业模式时，这种理念看上去似乎就是"亚马逊网络服务时代"以及"软件即服务"模式的自然产物。然而，大型的传统企业往往会陷入传统思维而且无法自拔。其中的一个例子就是对精益或敏捷方法论的迷恋。大企业的高层管理人员会这样说："我正在使用精益、敏捷的方法。"但问题是，他们正在将精益或敏捷的方法应用于陈旧的技术。

如果你在一个崭新的、符合空气动力学的车身内安装了老旧的发动机和悬挂系统，那会发生什么呢？你的车除了外形比以前漂亮之外，还是原来的那辆车。它看上去会很不错，并且会给你一种新鲜的错觉，但它在性能上没有丝毫改变。创新技术的错觉可以给你一种暂时的竞争优势，但这只是一种市场营销和品牌认可方面的优势，而不是本质上的优势。在逆向互联的世界里，企业利用技术的转折点并不在于它们处理数据或传输数据的能力，而在于它们对技术本身及其功能的定义。除非你看待技术的心态发生了转变，否则你拥有的将只是一种错觉。

基于体验的经济

为了给逆向模式三角形的这条边奠定一个坚实的基础，你不应该再把技术本身当作目的，即把技术当作像素、数据包、比特、光子、金钱或者任何其他东西的传递系统，无论这些东西究竟是实物还是数字信息。关注速度或可靠性等指标似乎是常识，但这样的做法有极大的局限性。

相反，从一台物联网咖啡机的传感器、执行器、微处理器，到一架波音777商用飞机的涡轮发动机，你应该把每一项技术都看作用于构建客户体验周围世界方式的动态的、交互的平台。

在这样一个世界中，技术必然是动态的、交互的，因为由软件驱动的它能够而且应该不断地做出改变并适应市场的需求。在你每次使用联网产品或服务时，无论你是否知道，产品或服务的供应商都会进行数据捕捉和数据分析，并且经常会通过添加新的功能来实时测试产品。机器学习可以被用来测试新的创意是否可行，这使得很多质量检查流程实现了自动化。现在，有了数百万名用户的使用数据和快速反馈，企业不仅能够完善之前有效的方法，而且能够快速排除那些无用的方案。此时，企业的状态就仿佛一个人踮着脚尖，随时可以向任何方向奔跑。这才是我们需要的敏捷。

例如，优步的SafetyNet就是一项非常强大的安全功能。当你还在前往目的地的路上时，优步可以通过这项功能立即向最多5个预先指定的人发送电子邮件或者短消息,告诉他们你的具体位置以及预计抵达目的地的时间。但是,这项功能并不是优步从一开始就有的功能,它实际上是客户反馈的产物。如果优步有非常严格的架构和技术视角,那么这项功能很可能就不会存在了。

技术也可以是一个策划平台,你可以利用这个平台来塑造客户体验世界的方式,这种体验可以包括农业灌溉、在陌生的城市中寻找住处、寻找失物或者诸如此类的事情。更加强大的是,你还可以通过这个平台赋予客户自我选择的能力,让他们自己来策划自己的体验。亚马逊的Echo能够成为一件如此具有独创性的产品,并不是因为它可以让你在房间里通过语音来订购你最喜欢的咖啡,而是因为亚马逊把客户利用Echo来体验自己家庭环境的控制权交给了他们自己。换句话说,在产品优先的模式中,产品就是解决方案;在逆向模式中,解决方案引出了能够满足需求的产品。

接着,企业来到了转型过程的最后阶段。企业最初只是在制造产品,然后它们转型为逆向模式并专注于满足客户的需求,而现在它们正在为客户创造体验。我们正在创造一种基于体验的经济,这种经济已经远远地超越了采集、分析数据并推出相应的产品。我们在第八章采访的那些公司就是这方面的先锋,不过现实中还有更多类似的企业。

在这个过程中,我们不仅改变了价值的内在,而且改变了价值流动的方向。数据正在不断地演化,并且正在指导企业的后端架构如何更好地满足需求。在这个世界里,价值源于你的解决方案在现实世界中与客户的互动。而这对那些坚持产品优先和"设计师和工程师才能创造价值"这种心态的人来说,几乎是不可能的。逐步引入新的功能、进行测试和重新测试,这样的做法已经过时了。

协调权是真正的所有权

对传统企业来说,掌握这种真正的敏捷性是一件极其困难的事,因为这些企业很可能坚持产品优先思维模式长达40年、50年甚至100年(这也是为什么拥有一个首席逆向型架构师是一种非常重大的优势)。然而,更具挑战性的或许是把握并拥抱知识产权的所有权正在不断改变这一现实,这也是我们在前面就已经谈到的话题。

直到最近,关于所有权的各种想法之间的竞争都还是非常激烈的,尤其是在竞争激烈的科技领域,而且这些想法之间的竞争还涉及了自我意识、企业认同以及企业文化。知识产权的所有权很可能会给人们带来难以置信的利润,但这也导致了专利流氓的出现以及其他吃相难看的行为。在逆向模式的环境中，所有权的概念正在发生改变，而充满意义的知识产权的整个概念也必须同步改变。

产品的价值将不再源自 IT 组件的性能，而是源自它们如何创造价值并让客户策划他们自己的体验。同样的是，知识产权也不再与某家公司能否获得某些物理设备的专利相关，而将更多地取决于企业在协调价值的过程中能够给出什么样的解决方案。例如，Strava 的业务就建立在它为自行车和跑步爱好者搭建的由 App 驱动的移动社交网络上。这个系统可以从那些运动爱好者身上收集 GPS 数据。通过这些 GPS 数据，该系统不仅能够追踪个人用户的跑步距离、速度等指标，而且能够描绘出自行车运动的"热点地图"。目前，这样的地图正在被俄勒冈州的波特兰市以及其他 75 个城市共享。人们可以在这幅地图上看到自行车爱好者日常骑行的路线、哪里可能需要一条新的自行车道、哪里很可能出现安全隐患等。[6] Strava 的价值并不是来自拥有自行车、修建自行车道或者为自行车爱好者设计 GPS 系统，而是来自把各种活动和数据整合成有用的配置。

这让那些传统的领导者感到害怕，他们会问："如果我们不拥有任何东西，那么我们如何为股东创造价值呢？"这是一种完全合理的担忧，让我们看一看应该如何处理。在这里，真正重要的依然是利润，但是在新经济中，利润已经不再完全取决于拥有物理或者数字知识产权。在汽车世界中，我们现在不再需要走进一家汽车销售店，然后对工作人员说"我想要那辆蓝色的车，内饰最好是真皮的"。你会首先浏览通用汽车公司的网站（如果你追求一种更加个性化或者触摸式的体验，那么你也许会走进一间展厅），然后提出定制汽车的要求。你可以在一块显示屏上设置各种选项，包括挑选发动机和喷漆的颜色、配置导航和安全系统、确认汽车的生产和组装日期，以及安排发货和送货时间。通用汽车公司能够将一辆现代汽车内置的众多组件与其供应商组合在一起，为客户提供一种独特的、令人满意的体验，这使得通用汽车公司能够维持并赢得更多的市场份额。

这种组合与协调能力改变着软件产业。爱彼迎的市值目前已经超过了希尔顿和凯悦这两家酒店的市值总额。[7]能够拥有如此巨大的市场价值并不是因为爱彼迎拥有数量众多的酒店。凯悦酒店集团有一笔庞大的基础设施成本，涉及酒店本身、员工、床上用品、食品、安保等。但爱彼迎并没有如此庞大的成本，它所做的仅仅是协调、构建并增强客户的体验，同时赋予客户创造和控制自己体验的能力。由于机器学习和深度学习一直在后台持续运行，所以客户很可能并没有意识到，他们给出的评价以及成千上万条其他客户给出的评价正在塑造他们未来

第九章 逆向模式的三角形模型

的体验。

爱彼迎创造了一个市场,这个市场可以把那些拥有房间和住宅的人与那些正在寻找房间和住宅的人联系在一起。对技术的创造力和理解并不取决于速度或力量,而是取决于企业如何创造一个没有摩擦的市场,维持品质,确保安全性,并给予客户无与伦比的体验。在一个客户可以即时表达自己感受的世界里,决定技术价值的是客户的体验,而不是代码。

第二条边:创新

我们把创新看作一种开发新事物的行为,但实际上它是一种思考如何满足需求的能力。当然,我们谈论的不是重新设计那些早就已经存在的东西,而是设想那些目前还不存在的东西。正如我们在第七章所讨论的,那些仍然将自己作为传统企业来运营的大型公司往往会采用以下两种方式之一来进行创新。

1. 它们认为创新只是敏捷的小型创业公司的责任,所以它们放弃了创新。
2. 它们试图通过收购来获取创新的能力。

例如，2016年3月，通用汽车公司用10亿美元收购了位于旧金山的自动驾驶汽车技术公司 Cruise Automation。[8] 它为什么会这么做？通用汽车公司致力于制造自动驾驶汽车已经有10多年了，但是这项工作仍然停留在研究阶段。这次收购非常顺利，但通用汽车公司没能利用其内部资源充分地消化这次收购带来的好处，不然它本有可能在这个领域中占据领先地位。同样，当惠普公司花费数百万美元进行收购时，公司内部很有可能早已拥有了所有的专业技能；然而，由于严苛的企业文化并不鼓励员工"冲出自己的车道"，这些专业技能根本无法发挥它们应有的作用。那么，是什么阻碍了这些传统企业像逆向型企业那样运营呢？

问题之一是传统企业过于关注短期的营业收入。在这样一种心态下，市场就像一条铁轨，企业只能沿着一条直线前行，而无法向左或者向右。很多大型企业就是以这样一种心态来创新的，因为所有的事情都和季度营业收入有关，这会关系到投资收益，并且会关系到如何收回创新过程中的研发成本。根据这样的思路，创新就只能服务于产品优先模式。

正如我们已经看到的，这样做最终只会导致失败。如果创新只是达成目的的一种手段，那么企业想要引入市场的创意必须一炮而红，才能够获得市场的青睐，但是很少有创意能真正做到这一点。这些创意最后会无疾而终，因为没有人认为这些创意可以为他们带来即时的营业收入。逆向型企业不会把创新看作制造某种新东西并创造价值的方法，它们会把创新看作价值的源泉。创新并不是达成目的的手段，而是目的本身。

当企业利用物联网、软件和无线连接技术优先满足客户的需求时，它们进行创新、在推出新产品的同时学习，以及放弃那些没有黏性的产品的能力不会受到任何限制。就以移动App生态系统这种在2007年之前根本不存在的经济形态为例。苹果的App商店里有超过100万种不同的移动App。作为一个普通的App开发人员，你投入了一些时间，创造了一个App，把它上传到了苹果商店。然后你等待着，想看看会发生什么。如果你的App失败了，那么你可以从用户反馈中学到一些东西，然后删掉这个App并从头再来。如果你的App成功了，那么你就会拥有自己的业务或企业。你失败的成本几乎为零。

与此同时，客户不需要支付运费或者花很长时间去购买App。对用户来说，正因为整个环境如此友好，所以他们很愿意尝试新的App，保留那些对他们有用的App，再卸载其余的App。在这里，所有权并不是那么重要。那些能够给他们带来更好的体验、能够帮助他们让世界变得更好的东西，就是能够创造价值的东西。

这使得持续的创新不仅成为可能，而且至关重要。在逆向型世界里，企业不能再把创新看作一个流行词，或者一个为产品优先的供应链创造新产品的实验室。创新必须成为公司的运作系统。逆向型企业会以创新为导向，它们会提出假设型问题，并利用由物联网驱动的交互式使用流和行为数据来持续进行创新。

创新的体验

对传统企业来说，另一个具有挑战性的想法是，它们正在进行的创新实际上已经发生了改变。在几年以前，网飞公司还是一个殷勤地向客户邮寄电影 DVD 的公司，这实际上是一种很不错的商业模式，足以击败百视达（Blockbuster）公司和它遍布全国的连锁店。但这样的做法是有一定限制的，因为 DVD 的数量有限，所以很多时候客户不得不排队。

接着我们有了 Redbox，这是一家专门提供 DVD 零售以及蓝光光盘和视频游戏租赁服务的公司。当你走进一家杂货店时，你会发现店里面多了一台机器，你可以通过这台机器随时获得你想要租借的 DVD。这实际上是对网飞公司的直接挑战，因为客户无须再静静地守候在信箱旁边。如果网飞公司的管理者像一家传统企业的管理者那样思考，他们或许会这样说："我们的业务就是出租DVD。"接着，他们就会围绕邮寄产品的方式开展创新，而Redbox公司很可能最终迫使他们退出这个市场。

但是网飞的管理者并没有这样做。他们说："我们是一家娱乐公司。"然后，网飞就成了最早一批进入流媒体市场的企业之一。然而，在完成了一次成功的创新后，它并没有停下脚步，而是在不停地创新。以提供流媒体服务作为起点，这家公司最后开始自己投资制作新的影片和电视连续剧。想象一下网飞的敏捷程度：从利用邮寄DVD击败百视达公司，到进入流媒体领域，这家公司不仅颠覆了视频租赁行业，而且颠覆了好莱坞、内容投放和整个体验模式。

上述例子表明，遵循逆向模式的企业要成为成功的创新者，还有另一项关键的要素。如果你想进行创新并创造一些非同寻常的东西，那么你必须为创新对象提供真正的资源，而且不要在创新的中途进入市场。为了让你的创新成功，你需要做好经济和心理方面的准备，增量或渐进式创新最终会毁了你。例如，网飞给了工程师非常高的薪资，并且给了他们整个技术行业中最长的产假和陪产假。这家公司因此拥有了最优秀、最聪明的人才，当然，它也确实需要他们。

为什么网飞会这样做？因为在几年前，当网飞开始制作自己的电视节目（比如《纸牌屋》）时，它经历了一种经典的、出乎意料的现象：追剧。有 500 万人一次性看完了一整季的电视连续剧。如果当初网飞对流媒体只是浅尝辄止，而且在面对这种情况的时候惊慌失措，那么它也许会马上停止这样的操作。那样的话，另外的公司很可能就会捷足先登。但是，它坚持了需求优先的逆向模式，并且把创新看作企业运营的核心，而不是可有可无的选项。网飞创造了"追剧文化"，这种做法对它的营业收入产生了直接的影响，因为有数百万人体验了数百万小时的额外内容。这就是创新引发的行为方式。

这就是逆向商业模式可能产生的结果。这里涉及了企业利用连接技术以新的方式来满足客户的需求：首先你会发布一款产品，然后不断对其进行分析。如果其中的某些东西有用，那么你就会以此为基础制造一些新的东西；如果其中没有什么有用的东西，那么你就会放弃。如果网飞是一家传统企业，那么它当初就会坚持老旧的模式，什么也不会改变。相反，网飞在流媒体领域获得了成功，主导了原创电视节目领域，并且激励了亚马逊和 Hulu 视频网站等同领域内的参与者去创作它们自己的原创内容。那么，这种颠覆性创新产生了多大的影响呢？2016 年，由亚马逊工作室创作并发行的电影《海边的曼彻斯特》(*Manchester by the Sea*) 赢得了两项奥斯卡奖。

第九章　逆向模式的三角形模型

移动界面进一步提高了人们的期望值。当你通过移动界面向客户交付某种体验时,你就与他们建立了某种联系。一个非常好的例子是潘多拉音乐App。有些人认为潘多拉只涉及了音乐,但它实际上创造了一个个人化的音乐背景,而这是之前从来没有人做过的。潘多拉知道你喜欢什么音乐、不喜欢什么音乐,所以它会基于你的偏好为你创造一种独特的体验。当某位艺术家来到你所在的城市时,它甚至可以向你发出这样的提醒信息:"Lumineers乐队将于7月10日抵达你所在的城市,演唱会的门票依然有售。"同样,这是在构建和创造一种全新的体验。

第三条边:企业文化

我们在前面已经谈到,企业文化是一家企业内部的社会、政治以及制度环境。你可以拥抱逆向模式,并利用技术和创新的心态来支持你即将进行的冒险。但仅仅做到这些是不够的,你还要拥有一种勇于承担风险并乐于颠覆传统的企业文化。

首先,企业文化并不是企业的使命宣言。有些公司会很自豪地分享自己的使命宣言,甚至可能在其中加入一些有关创新的模糊语言。接着,如果你仔细地审视它们的历史,那么你就会想问它们："在过去的20年里，你们向这个市场推出了什么创新产品？"

逆向型世界里有两种不同的文化。其中一种是从上至下的文化，这不仅仅是一个关于领导力的问题。逆向模式不仅需要你有卓越的领导力，而且需要你有远见。传统企业会引进一些懂得如何运营企业、扩展企业规模、建立合作伙伴关系，甚至有能力在世界各地设立办公室的人才，但这不足以支撑企业向逆向模式转型。一家正在向逆向模式转型的企业需要一位有远见的领导者，他不仅能够看到尚未被开发的市场，而且能够看到尚未被实现的价值。在这样一种经济中，成功的企业拥有的不只是懂得管理的商业领袖，它们还拥有具有远见的、能够设想当前还未出现的市场，并且能够带领员工利用各种新技术创造全新市场的经理人。

如果你是一个有远见的领导者，那么你就会不断地推进假设型思维方式，而不是只专注于日常的营业收入。拥有远见的领导者将为企业带来营业收入。

如果你追求的是营业收入，那么你真正关心的问题将是如何维持现状。如果网飞当初由一个传统的CEO来管理，那么它永远也不会涉足流媒体领域。这个管理者会这样说："我们的整个商业模式就是递送DVD。现在，这种模式运行良好，而且我们已经获得了利润。想象一下,如果我们去冒这个险,但最后失败了,那会发生什么?"

真正具有远见卓识的领导者需要拥有勇气和无畏的精神,而且需要在情况不明朗的时候对可能面临的未来进行深刻的了解。最重要的是,这样的领导者必须坚信,从需求出发是继续前进的唯一道路。史蒂夫·乔布斯已经拥有了一家相当成功的电脑公司,然而在 9 年的时间里,他改变了音乐产业,淘汰了陈旧的电信业务模式,开发了平板电脑市场,并创造了 App 经济来推动整个平板电脑市场的发展。在几年前,这一切都不存在,但是他和其他几个人看到了这样一个未来并且实现了它。

正如我们在前面说的,你不需要成为乔布斯就能够实践逆向模式,但是你必须自己走出这一步。毕竟,乔布斯在刚开始的时候也不知道自己有一天会成为"乔布斯"。任何一家传统企业都有能力强行向逆向模式转型。你不会在资源或恢复能力方面受到限制,你真正需要的是让远见来引领你不断前行的勇气。

一种不太可能出现的逆向型企业文化

如果你对此表示怀疑,那么你完全可以参考微软公司令人震惊的发展过程。微软的复苏表明,不是只有敏捷的小型创业公司才能够建立逆向型企业文化。如果企业的领导层能够表现出必要的远见和决心,那么即便是这个世界上最大的老牌企业,也可以向需求优先模式转型。

在 2014 年的秋天,分析人士把微软称为恐龙。[9] 当时,微软还紧紧抓着销售办公套件的传统业务不放,并且对诺基亚进行了一次很不明智的收购;另外,Windows 8 的市场反响也很差。但随后,这家公司的 CEO 变成了萨蒂亚·纳德拉(Satya Nadella),这艘巨轮开始转向了。这家公司对很多项目进行了大胆的投资,而大多数项目都获得了成功,包括 HoloLens "混合现实"头戴式装置、平板电脑 Surface(这款产品最初遭到了批评,但它很快引起了轰动,因为你不仅可以把它当作一台电脑,而且可以把它当作一款即将发布的手机),以及 Windows 10(该系统获得了大量赞誉)。最重要的是,微软通过 Azure 平台努力转向了云计算。它不仅为市场带来了云计算,还带来了基于云计算的人工智能。

那么,这次转型尝试带来了什么结果?微软重新变成了一家很酷的公司,其股价不断上升,而且它再次成了顶级 IT 人才争相追逐的企业。诚然,微软公司想要转型为一家逆向型企业,还有很远的路要走,而且这家公司从很多方面来看依然是

第九章 逆向模式的三角形模型

一家由产品驱动的企业,但是纳德拉和他的团队在如此短的时间里取得的成就可以说是非常令人瞩目的。

这家公司不仅彻底改变了它的产品研发路线,使其现有的所有产品都能够支持云计算,而且它从根本上改变了企业的文化。就在不久之前,微软还是一个墨守成规并且受固有惯性影响而不想做出改变的大型企业。但现在,这家公司已经发生了巨大的改变。它不仅改变了自己的技术,而且改变了自己的文化。纳德拉促成这一转变的关键步骤之一是拥抱"增长的心态",这是斯坦福大学心理学教授卡罗尔·德韦克（Carol Dweck）在2006年出版的《心态：成功的新心理学》（*Mindset: The New Psychology of Success*）中讲述的一个核心概念。[10] 这本书现在已经成了微软员工的必读书籍,其核心概念也成了微软优化员工绩效的新方法的支柱。

现在,我们不会再假设个人的技能是固定不变的。微软正在不断演化的企业文化认为,成功并非源于天生的才能,而是努力工作和发现的结果。这家公司的领导者不仅会向其他人学习,而且会从自己曾经犯过的错误中汲取教训,以此来寻找获得改进的机会。他们的目标是发现自己不知道的东西,然后学习这些东西,快速地采取行动,并找到正确的前进道路。

GeekWire网站曾经展示过一封纳德拉在2015年发出的内

部电子邮件,你可以在这封现在已经非常著名的电子邮件中看到这种激进转变的影子。我们摘选了这封邮件中的一个段落。

我们需要不断地学习,保持永不满足的好奇心。我们不会回避各种不确定性,而且将勇于承担各种风险。当我们犯错时,我们会快速地采取行动,并认识到失败是通往成功的道路。我们需要对他人的想法持开放的心态,其他人的成功并不会降低我们获得成功的可能性……我们将以入门者的心态去了解客户和他们的业务,为他们带去能满足他们需求的解决方案。我们会坚持向外界学习并把知识带入微软,同时,我们会不断地创新,以此为我们的客户带去各种惊喜和愉悦。[11]

微软目前还不算是一家纯粹的需求优先的企业,而且它很可能永远也无法彻底成为这样的企业。但它的发展表明,任何规模的企业都可以成功地运用逆向模式的准则和思维方式。

企业文化是新的品牌

今天,在 B2B 和 B2C 的世界里,客户会更加了解能够满足他们需求的企业。正因为这一点，企业文化的价值实际上与企业给出的解决方案和相应的市场营销方案的价值是完全相同的。在一个透明、互联的世界里，企业文化已经变成了品牌。但这种文化是自下而上的，它鼓励人们用提出假设型问题的方式来思考，而不是试图引导所有人走向一个单一的目标。在严格遵守某种标准的前提下用一种敏捷的模式来运营，这是行不通的。

在一家逆向型企业里，自由和创造力是自下而上的企业文化中不可替代的部分。逆向型企业文化是创造性的，而不是规范性的。就像你试图让客户来构建他们自己的体验一样，员工会坚持自由地思考、创造和策划他们自己的体验。他们绝不会被束缚在某个领域或某一方面，而是会很自然地向外拓展到新的领域，并且会为新的可能性感到兴奋。创新正是这样一种企业文化的自然结果，这也是亚马逊会获得如此成就的原因之一。每当你访问亚马逊网站的时候，你都很有可能看到一些非同寻常的东西。

这是不是意味着，亚马逊公司里的每一个人都具有创造性呢？当然不是。但这家公司的企业文化是通过高速创新来增强客户的体验。这类企业的能量最终将体现在客户的体验中。企业内部对"接下来我们应该创造什么"的兴奋随后会使客户对

"他们接下来会做什么"产生期待和尊重。这样的企业文化对企业的生产及其未来的发展会产生重大的影响。

鉴于逆向型企业与消费者接触的方式，逆向型企业文化是高度透明的。人们之所以会喜欢特斯拉的企业文化，是因为从他们与特斯拉进行互动，准备购买一辆汽车开始，他们对特斯拉公司的期望值就已经与其他任何汽车公司非常不同了。他们根本不需要与一个喋喋不休、咄咄逼人的销售人员在一个覆盖着厚厚的积雪的停车场上漫步。他们会拥有一种完全由他们自己构建的购物体验。特斯拉公司的企业文化是，所有的东西都是开放的，没有任何秘密；因为这个公司知道，今天的客户拥有近乎无穷的选择和近乎无穷的期望值。在特斯拉这样的公司里，某些曾经保密的东西现在已经是可以被使用、批判、衡量或杠杆化的资产了。

企业文化和企业的产品不再是可以被分割开来的两种不同的东西，客户代表的外部文化也开始与企业员工代表的内部文化融合，并最终形成了一种共享的体验。一个符合逻辑的结论是，在这个全新的互联世界里，文化已经成了品牌。

在社交媒体的帮助下，客户现在有机会了解企业的员工、企业内部的运作以及员工的心态。他们能够预料这家公司未来的状态，以及它是否会兑现承诺。传统的观念始终认为企业文化代表了公司的一切,这种观念现在依然正确,不过在逆向模式的时代,正在发生改变的是企业自身。

三角形模型对逆向模式进行了最确切的描述,因为三角形的三条边都是必不可少的,没有哪一条边比另一条边更重要。另外,三条边的长度相同,这意味着技术、创新以及企业文化这三个方面的转型工作需要同时进行。你无法在追求创新愿景的同时坚持滞后的企业文化,你需要在对物联网技术进行投资的同时通过真正的创新思维来利用这些技术。最终,正是技术、创新和企业文化这三个基本元素之间的和谐平衡,以及这三者在不断演化的世界里的协同作用,使那些老牌的传统企业变成了逆向模式的成功实践者。

你准备好了吗

在读完了所有这些内容后,你可能会觉得有点儿混乱和不安。这实际上是一件好事,这种感觉不仅很正常而且很健康。你面临的挑战是,你的下一步将走向哪里?我们希望,我们已经让你前行的道路和旅途变得更加清晰。在这个逆向、互联的世界里,已经有成千上万家企业获得了巨大的成功。有一些企业是在传统模式的约束下出发的,但它们最终成功地超越了传统模式。在这里，我们用某种方式分解了逆向模式，并向你展示了它的"源代码"，我们希望你能够利用这些源代码开启你自己的公司的转型之旅，或者继续你之前早就已经开始的转型之旅。

> ### 对话还在继续
>
> 在撰写这本书的过程中，我们创立了一个数字化平台，我们期望大家在这个平台上继续进行各种思想的交流。我们希望你也能参与进来，并通过访问 inversionFactor.com 网站和我们分享你的想法和独特的创意。
>
> 现在，请大声地提问："如果我们这样做，那会发生什么？"

你已经走了一段很长的路，我们要恭喜你。你已经读完了关于逆向思维的故事，学到了它的原则，探索了物联网的演化过程，发现了成为一家逆向型企业的关键，并且读到了很多企业成功实践逆向模式的案例。

第九章 逆向模式的三角形模型

我们探讨了技术作为平台的作用，谈论了创新作为企业运作系统的方式，并展示了企业文化是如何将所有的东西联系在一起的。但是，你需要跨越逆向模式三角形的三条边，才能够触摸到位于三角形中心的"成功"。你需要用创新思维重新定位你的公司；你需要用技术专业知识来构建新的解决方案；你还需要用企业文化创造一个能够让前面两者同时出现的环境。技术在不断地演化，创新和客户体验也不是一成不变的，企业文化就像创造它的人一样，也是动态的。

那么，下一步就要看你的了。

你准备好了吗？

注 释

前 言

1. John McElroy, "The Race for Autonomous Cars Is Over: Silicon Valley Lost," Auto Blog, February 17, 2017, www.autoblog.com/2017/02/21/race-for-autonomous-cars-is-over-mcelroy-autoline-opinion/.
2. Gartner, "Gartner Says 6.4 Billion Connected 'Things' Will Be in Use in 2016, Up 30 Percent from 2015," news release, November 10, 2015, http://www.gartner.com/newsroom/id/3165317.
3. James Macaulay, Lauren Buckalew, Gina Chung, Internet of Things in Logistics (Troisdorf, Germany: DHL Trend Research and Cisco Consulting Services, 2015).
4. James Manyika, Michael Chui, Peter Bisson, Jonathan Woetzel, Richard Dobbs, Jacques Bughin, and Dan Aharon, The Internet of Things: Mapping the Value beyond the Hype (New York: McKinsey Global Institute, 2015).
5. 重要的是，我们要认识到，当涉及伦理、隐私保护，以及组织和个人行为时，假设型经济必须要有一个很严格的边界。如果没有这样一个边界，假设型经济就无法使人们遵守法律，或者做出公平的、符合道德的行为。

6. "BACCH™ 3D Sound: A Revolutionary Technology for Audiophile-Grade 3D Audio," 3D Audio & Applied Acoustics Lab, Princeton University, accessed July 17, 2017, https://www.princeton.edu/3D3A/PureStereo/PureStereo.html.

7. 这个概念与另外两个概念有相似之处。一个概念是设计思维，另一个概念是哈佛商学院教授西奥多·莱维特（Theodore Levitt）的名言："人们实际上不是想买 1/4 英寸的钻头，他们想要的是一个 1/4 英寸的洞！"那么，你是想销售钻头还是销售钻孔？实际上，宜家的 DIY 家具就是销售钻孔的例子。因为这些钻孔是事先打好的，所以宜家实际上是在和百得公司（Black & Decker）竞争。这是逆向模式的一个早期案例。

8. 道德和历史的准确性迫使我们承认，1985 年 9 月，工程师兼创业者彼得·刘易斯（Peter Lewis）在华盛顿特区的国会黑人核心小组基金会第 15 届年度立法周末的演讲中，首次提出、谈论并发表了"物联网"一词。Chetan Sharma, "Correcting the IoT History," Chetan Sharma Consulting, accessed July 17, 2017, http://www.chetansharma.com/correcting-the-iot-history/.

第一章

1. 在车辆与电网建立了通信连接后，车辆可以向电网出售电力，也可以降低电力消耗以提高电网的性能。当你遭遇停电时，你还可以在家里使用车辆剩余的电力，具体参见 Jim Motavalli, "Power to the People: Run Your House on a Prius," *New York Times*, September 2, 2007, http://www.nytimes.com/2007/09/02/automobiles/02POWER.html。

2. 自动驾驶技术正在变得商品化，汽车可以在高速行驶的过程中，通过首尾串联获得更多的好处。这种方式叫作组队，可以减少阻力，就像自行车赛车手在比赛时跟车骑行一样。这种方式不仅能减少碰撞事故的发生，而且能够增强现有道路的通行能力。具体参见 Ann Hsu, Farokh Eskafi, Sonia Sachs, and Pravin Varaiya, Design of Platoon Maneuver Protocols for IVHS (Berkeley: California Partners for Advanced Transit and Highways [PATH], 1991); Pooja Kavathekar and YangQuan Chen, "Vehicle Platooning: A Brief Survey and Categorization" (presentation, Proceedings of the ASME 2011 International Design Engineering Technical Conferences and Computers and Information in Engineering Conference IDETC/CIE 2011, Washington, DC, August 28–31, 2011)。

3. Remi Tachet, Paolo Santi, Stanislav Sobolevsky, Luis Ignacio Reyes-Castro, Emilio Frazzoli, Dirk Helbing, and Carlo Ratti, "Revisiting Street Intersections Using Slot-Based Systems," *PloS One* 11, no. 3 (2016): e0149607.

4. 慢速寻找停车的位置会大大加剧交通拥堵：根据不同的情况，拥堵程度会增加 8%~70%。具体参见 Donald C. Shoup, "Cruising for Parking," *Transport Policy* 13, no. 6 (2006): 479–486。

5. 电池技术的进步虽然意义重大，但它并不遵循指数式增长的摩尔定律。电池的充电速率和充电次数是有限的。为了确保电池的性能，监控电池的充电状态是非常有必要的。此外，当一辆车的充电功率达到 100 千瓦时，整个电网就需要做出补偿。提前提供充电信息和具体的充电安排将有助于平衡电网的负载。

6. 机器人送货上门并不是一件难以实现的事。Starship 和 Piaggio Fast Forward 等公司已经研发了这样的产品。具体参见 "The Future of Home Delivery: Pedestrians and Robots Will Soon Share the Pavements," *Economist*, February 18, 2017,http://www.economist.com/news/science-and-technology/21717025-streetwalkers-pedestrians-and-robots-will-soon-share-pavements。

7. 通过优化资源利用并将制造成本分摊到多个不同的职能部门中，物联网、自动驾驶汽车和电动汽车等技术能够帮助我们应对气候变化。Robert Costanza, "Embodied Energy and Economic Valuation," *Science* 210, no. 4475 (1980):1219–1224.

8. 人工智能虚拟助理产品早就已经被研发出来了，虽然该产品的功能还处于早期发展阶段。随着时间的推移，它与物联网系统的互动将会进一步加强。

9. Tadas Baltrušaitis, Daniel McDuff, Ntombikayise Banda, Marwa Mahmoud,Rana el Kaliouby, Peter Robinson, and Rosalind Picard, "Real-Time Inference of Mental States from Facial Expressions and Upper Body Gestures" (presentation,Automatic Face & Gesture Recognition and Workshops [FG 2011], 2011IEEE International Conference on Pervasive Computing and Communications Workshops, Santa Barbara, California, March 21–25, 2011).

10. 古典音乐确实能够帮助人们减轻压力。Elise Labbé, Nicholas Schmidt, Jonathan Babin, and Martha Pharr, "Coping with Stress: The Effectiveness of Different Types of Music," *Applied Psychophysiology and Biofeedback* 32, nos. 3–4(2007): 163–168.

11. Gartner, "Gartner Survey Shows That 43 Percent of Organizations

Are Using or Plan to Implement the Internet of Things in 2016," news release, March, 3, 2016, http://www.gartner.com/newsroom/id/3236718.

12. 我们在很多案例中都谈到了优步，原因是它进行了很多大胆且非常成功的尝试，而这些都是有关逆向思维和需求优先模式的绝佳例子。然而，这绝不代表我们对优步的企业文化或对其员工的行为和态度表示认可。

13. "Motorola Ships 50 Millionth MotoRazr," news release, July 18, 2006, http://www.upi.com/Motorola-ships-50-millionth-RAZR-V3/78181153240991/.

14. Eric Ries, *The Lean Startup: How Today's Entrepreneurs Use Continuous Innovation to Create Radically Successful Businesses* (New York: Crown Business, 2011).

第二章

1. Katie Fehrenbacher, "The Zipcar for Electric Scooters Grows Up and Out," *Fortune*, July 9, 2015, http://fortune.com/2015/07/09/zipcar-for-electric-scooters/.

2. Scoot Networks, "Urban Transit Pioneer, Scoot Networks, Unveils Blueprint for Shared Electric Mobility to Solve Traffic Congestion and Emission Challenges in World's Largest Cities," press release, Street Insider.com, March 9, 2017, www.streetinsider.com/Press+Releases /Urban+Transit+Pioneer%2C+Scoot+Networks%2C+Unveils+Blueprint+for+Shared+Electric+Mobility+to+Solve+Traffic+Congestion+and+Emission+Challenges+in+World%27s+Largest+Cities /12649475.html.

3. Globe Newswire, "Sensoria and VIVOBAREFOOT Showcase First Internet Connected Running Shoe Designed for Natural Running," news release, Nasdaq Globe Newswire, January 4, 2017, https://globenewswire.com/news-release/2017/01/04/903234/0/en/Sensoria-and-VIVOBAREFOOT-Showcase-First-Internet-Connected-Running-Shoe-Designed-for-Natural-Running.html.
4. James Manyika, Michael Chui, Peter Bisson, Jonathan Woetzel, Richard Dobbs, Jacques Bughin, and Dan Aharon, The Internet of Things: Mapping the Value beyond the Hype (New York: McKinsey Global Institute, 2015).
5. IoT Case Studies: Companies Leading the Connected Economy (New York: American International Group, 2016).
6. Derek du Preez, "ServiceMax—Turning Manufacturing Companies into IoT Enabled Utilities," diginomica, September 26, 2016, http://diginomica.com/2016/09/26/servicemax-turning-manufacturing-companies-into-iot-enabled-utilities/.

第三章

1. 参见 PATH 的网站，http://www.path.berkeley.edu。
2. Nara Shin, "Raden Smart Luggage," Cool Hunting, March 29, 2016, http://www.coolhunting.com/travel/raden-smart-luggage-travel-tech.
3. Nicky Woolf, "DDoS Attack That Disrupted Internet Was Largest of Its Kind in History, Experts Say," *Guardian*, October 26, 2016, https://www.theguardian.com/technology/2016/oct/26/ddos-attack-dyn-mirai-botnet.
4. Common Criteria, "Common Criteria for Information Technology Security

Evaluation, Part 1: Introduction and General Model," September 2012, https://www.commoncriteriaportal.org/files/ccfiles/CCPART1V3.1R4.pdf.

第四章

1. Organization for Economic Co-Operation and Development, The Future of the Internet Economy: A Statistical Profile (Paris: OECD, 2011).
2. Krishna M. Kavi, "Beyond the Black Box," *IEEE Spectrum* 47, no. 8 (2010):46–51.
3. Rolls Royce, "Engine Health Management," Rolls Royce corporate website, accessed February 22, 2017, https://www.rolls-royce.com/about/our-technology/enabling-technologies/engine-health-management.aspx#analyse.
4. 更多信息请参见"Water Use Efficiency (in Cities): Leakage" European Environment Agency, http://www.eea.europa.eu/data-and-maps/indicators/water-use-efficiency-in-cities-leakage。
5. 我们必须承认，在颠覆家庭安保产业的过程中，SimpliSafe公司推出的产品存在某种缺陷，这使其客户甚至可能受到初级黑客的攻击。这件事也表明了一个在逆向模式中至关重要的真相：一个逆向模式的解决方案除了要以需求为基础之外，还必须优于原来的解决方案。具体请参见 Thomas Fox-Brewster, "300,000 American Homes Open to Hacks of 'Unfixable' SimpliSafe Alarm," *Forbes*, February 17, 2016, https://www.forbes.com/sites/thomasbrewster/2016/02/17/simplisafe-alarm-attacks/#325966ac3b00。
6. Kyle Campbell, "U.S. Regulators to Close Tesla Autopilot Crash Investigation, No Recall Expected," *New York Daily News*, January 19,

2017, http://www.nydailynews.com/autos/news/no-recall-expected-tesla-autopilot-probe-article-1.2950333.

第五章

1. Fabio Vergi, "The Evolution of Mobile Phones (Infographic)," Let's Talk Tech(blog), September 18, 2015, http://www.letstalk-tech.com/the-evolution-of-mobile-phones-infographic/.
2. Marc Andreessen, "Why Software Is Eating the World," *Wall Street Journal*, August 20, 2011, http://a16z.com/2016/08/20/why-software-is-eating-the-world/.
3. Alex Brisbourne, "Tesla's Over-the-AirFix: Best Example Yet of the Internet of Things?," *Wired*, February 2014, https://www.wired.com/insights/2014/02/teslas-air-fix-best-example-yet-internet-things/.
4. Matt Novak, "Hackers Shut Down the Key Card Machine in This Hotel until a Bitcoin Ransom Was Paid [Corrected]," Gizmodo (blog), January 30, 2017, http://gizmodo.com/hackers-locked-every-room-in-this-hotel-until-a-bitcoin-1791769502.
5. Mark Harris, "Researcher Hacks Self-Driving Car Sensors," *IEEE Spectrum*, September 4, 2015, http://spectrum.ieee.org/cars-that-think/transportation/self-driving/researcher-hacks-selfdriving-car-sensors.

第六章

1. Industrie 4.0: Innovationen für die Produktion von Morgen (Bonn,

Germany: Bundesministerium für Bildung und Forschung, 2016).
2. Richard Gendal Brown, "Introducing R3 Corda: A Distributed Ledger Designed for Financial Services," Richard Gendal Brown (blog), April 5, 2016, gendal.me/2016/04/05/introducing-r3-corda-a-distributed-ledger-designed-for-financial-services/.
3. 麻省理工学院的校友西奥多拉·库利亚斯（Theodora Koullias）一直在研发一款智能手袋，他在 2016 年向桑贾伊描述了这款手袋的基本概念。更多信息请参见 http://www.jonlou.com。
4. KGS Buildings, "Proactive Campus-Wide Maintenance Results in Significant Energy Reductions," case study, KGS Buildings, https://cdn2.hubspot.net/hubfs/612214/KGS_Buildings_Education_Case_Study.pdf.
5. Brian J. Dlouhy, Brian K. Gehlbach, Collin J. Kreple, Hiroto Kawasaki, Hiroyuki Oya, Colin Buzza, and Mark A. Granner et al., "Breathing Inhibited When Seizures Spread to the Amygdala and upon Amygdala Stimulation," *Journal of Neuroscience* 35, note 28 (2015): 10281–10289.
6. Rob Matheson, "Wristband Detects and Alerts for Seizures, Monitors Stress," MIT News, March 9, 2016, http://news.mit.edu/2016/empatica-wristband-detects-alerts-seizures-monitors-stress-0309.
7. Miles Johnson, "Hyundai Adds Blue Link Skill for Amazon Alexa," press release, November 15, 2016, http://www.hyundainews.com/us/en/media/pressreleases/46590/hyundai-adds-blue-link-skill-for-amazon-alexa.
8. DHL, "DHL Now Delivers Parcels to Smart Car Trunks," press release, July 25, 2016, http://www.dhl.com/en/press/releases/releases2016/all/parcel_ecommerce/dhl-now-delivers-parcels-to-smart-car-trunks.html.
9. Lucian Constantin, "New Insulin Pump Flaws Highlight Security Risks

from Medical Devices," Computerworld, October 4, 2016, http://www. computerworld.com/article/3127148/security/new-insulin-pump-flaws-highlight-security-risks-from-medical-devices.html.

10. Kimiko de Freytas-Tamura, "The Bright-Eyed Talking Doll That Just Might Be a Spy," *New York Times*, February 17, 2017, https://www.nytimes.com/2017/02/17/technology/cayla-talking-doll-hackers.html.

11. Kim Zetter, "Inside the Cunning, Unprecedented Hack of Ukraine's Power Grid," *Wired*, March 3, 2016, https://www.wired.com/2016/03/inside-cunning-unprecedented-hack-ukraines-power-grid/.

12. Yossi Melman, "Computer Virus in Iran Actually Targeted Larger Nuclear Facility," *Haaretz*, September 28, 2010, http://www.haaretz.com/computer-virus-in-iran-actually-targeted-larger-nuclear-facility-1.316052.

13. Aaron Tilley, "How a Few Words to Apple's Siri Unlocked a Man's Front Door," *Forbes*, September 21, 2016, http://www.forbes.com/sites/aarontilley/2016/09/21/apple-homekit-siri-security/#586ff9c86e8a.

14. Joshua Siegel, "Data Proxies, the Cognitive Layer, and Application Locality: Enablers of Cloud-Connected Vehicles and Next-Generation Internet of Things" (PhD dissertation, Massachusetts Institute of Technology, 2016).

第七章

1. David Floyd, "Who Killed Sears? 50 Years on the Road to Ruin," Investopedia, February 16, 2017, http://www.investopedia.com/news/downfall-of-sears.

2. Niam Yaraghi and Shamika Ravi, "The Current and Future State of the Sharing Economy," Brookings, December 29, 2016, https://www.brookings.edu/research/the-current-and-future-state-of-the-sharing-economy/.
3. Matthew L. Wald, "Smart Electric Utility Meters, Intended to Create Savings, Instead Prompt Revolt," *New York Times*, December 13, 2009, www.nytimes.com/2009/12/14/us/14meters.html.
4. EIA, "How Many Smart Meters Are Installed in the United States, and Who Has Them?," U.S. Energy Information Administration, December 7, 2016, www.eia.gov/tools/faqs/faq.php?id=108&t=3.
5. Jonathan Shieber, "Roadie Launches as the Uber for Shipping and Delivery," TechCrunch, January 27, 2015, https://techcrunch.com/2015/01/27/roadie-launches-as-the-uber-for-shipping-and-delivery/.
6. AeroMobil, "World Premiere: Aeromobil Will Announce Its Next Generation Flying Car at Top Marques Monaco 2017," news release, April 12, 2017, https://www.aeromobil.com/official-news/detail/world-premiere-aeromobil-will-announce-its-next-generation-flying-car-at-top-marques-monaco-2017/.
7. Phys.org, "Dubai aims to launch hover-taxi by July," news release, February 13, 2017, https://phys.org/news/2017-02-passenger-carrying-drone-dubai.html.
8. Akshat Rathi, "IBM Researchers Have Created an 'Impossible' Molecule That Could Power Quantum Computers," *Quartz*, February 14, 2017, https://qz.com/910146/ibm-ibm-researchers-have-created-a-triangular-molecule-that-chemists-thought-was-impossible-and-it-could-power-

quantum-computers/.

9. Andrew Krok, "Volkswagen Is Taking on Uber with Moia, Its New Ride-Hailing Startup," Road Show, December 5, 2016, https://www.cnet.com/roadshow/news/volkswagen-to-face-sharing-economy-titans-with-new-brand-moia/.

10. Linda Bernardi, *Provoke: Why the Global Culture of Disruption is the Only Hope for Innovation* (Seattle: TerraVanDeVitis, 2009), 24.

第九章

1. Matt Weinberger, "This Is How the 'Internet of Things' Is Changing the Business Model of the World's Biggest Technology Companies," Business Insider, October 27, 2016, http://www.businessinsider.com/hewlett-packard-enterprise-cisco-schneider-electric-iot-2016-10.

2. Aviva, "Aviva Launches Its New Aviva Drive App," news release, November 26, 2012, https://www.aviva.co.uk/media-centre/story/17048/aviva-launches-its-new-aviva-drive-app/.

3. Stuart Leung, "5 Ways the Internet of Things Will Make Marketing Smarter," Salesforce Blog, March 20, 2014, https://www.salesforce.com/blog/2014/03/internet-of-things-marketing-impact.html.

4. Salesforce.com, "Salesforce.com Launches Salesforce Wear," news release, June 10, 2014, https://www.salesforce.com/company/news-press/press-releases/2014/06/140611.jsp.

5. Denis Pombriant, "Salesforce Wear, What Does That Mean?," Enterprise Irregulars, June 17, 2014, www.enterpriseirregulars.com/75368/salesforce-

wear-mean/.
6. Peter Walker, "City Planners Tap into Wealth of Cycling Data from Strava Tracking App," *Guardian*, May 9, 2016, https://www.theguardian.com/lifeandstyle/2016/may/09/city-planners-cycling-data-strava-tracking-app.
7. Deanna Ting, "Airbnb's Latest Investment Values Is as Much as Hilton and Hyatt Combined," Skift, September 23, 2016, https://skift.com/2016/09/23/airbnbs-latest-investment-values-it-as-much-as-hilton-and-hyatt-combined/.
8. Mike Colias, "GM to Buy Autonomous-Driving Startup Cruise," *Automotive News*, March 11, 2016, http://www.autonews.com/article/2016 0311/OEM06/160319974/gm-to-buy-autonomous-driving-startup-cruise.
9. Michael Ide, "Microsoft Corporation Is a Digital Dinosaur, Says Indigo," ValueWalk, September 2, 2014, www.valuewalk.com/2014/09/microsoft-digital-dinosaur-says-indigo.
10. Matt Weinberger, "Satya Nadella Says This Book Gave Him the 'Intuition' He Needed to Revamp Microsoft," Business Insider, August 4, 2016, www.businessinsider.com/microsoft-ceo-satya-nadella-on-growth-mindset-2016-8.
11. Todd Bishop, "Exclusive: Satya Nadella Reveals Microsoft's New Mission Statement, Sees 'Tough Choices' Ahead," GeekWire, June 25, 2015, www.geekwire.com/2015/exclusive-satya-nadella-reveals-microsofts-new-mission-statement-sees-more-tough-choices-ahead/.